A vol de v

De Paris à Vienne

Édouard de Perrodil

Alpha Editions

This edition published in 2024

ISBN : 9789362995070

Design and Setting By
Alpha Editions
www.alphaedis.com
Email - info@alphaedis.com

As per information held with us this book is in Public Domain.
This book is a reproduction of an important historical work. Alpha Editions uses the best technology to reproduce historical work in the same manner it was first published to preserve its original nature. Any marks or number seen are left intentionally to preserve its true form.

Contents

AVENTURES DE DEUX RECORDMEN DE PARIS A VIENNE...............- 1 -
I UNE HISTOIRE D'ARROSAGE ....- 2 -
II LE DÉPART ....- 9 -
III LES TOURMENTS DE VITRY-LE-FRANÇOIS ....- 18 -
IV NANCY ....- 23 -
V UNE MARCHE TRIOMPHALE.................................- 29 -
VI. LA POULE DE SAINT-BLAIZE ....- 35 -
VII LE SALUT DE L'ALSACE-LORRAINE ....- 39 -
VIII EN TERRE ALLEMANDE......................................- 50 -
IX ÉGARÉ DANS LA FORÊT-NOIRE............................- 56 -
X KNIÉBIS, LA VILLE MYSTÉRIEUSE ....- 66 -
XI LE BARBET DU DOCTEUR FAUST OU LA MORT DE MÉPHISTO ....- 70 -
XII UNE TAVERNE ALLEMANDE ....- 73 -
XIII LA SOUBRETTE DE STUTTGARD ....- 79 -
XIV JE RETROUVE MES COMPAGNONS....................- 85 -
XV CHALUPA OU LA VOIE DOULOUREUSE...............- 93 -
XVI ARRIVÉE A MUNICH ....- 97 -
XVII STEEPLE-CHASE ACROBATIQUE ....- 102 -
XVIII A LA FRONTIÈRE AUTRICHIENNE....................- 106 -
XIX LES MENACES DE L'ATMOSPHÈRE ....- 110 -
XX LA DÉROUTE DE LINTZ..- 112 -
XXI VIENNE..- 117 -

AVENTURES

DE DEUX RECORDMEN DE PARIS A VIENNE

I

UNE HISTOIRE D'ARROSAGE

Le 23 avril 1894 était la date fixée pour le voyage à bicyclette que j'avais résolu d'accomplir de Paris à Vienne, en Autriche, avec un de mes amis, Louis Willaume, jeune secrétaire de l'ambassade d'Angleterre à Paris. Cette date était certainement mal choisie; en avril, en effet, la bonne saison est encore peu avancée et dans les régions montagneuses de la Bavière, les pluies étaient à craindre; ces pluies n'ont pas manqué et sont venues mettre le comble aux tourments que nos aventures avaient déjà multipliés; mais si je me suis obstiné à partir le 23 avril, c'est que de nombreuses raisons, qu'il serait sans intérêt de rapporter, m'obligeaient à terminer ce voyage de bonne heure.

Quand on s'engage dans une entreprise de ce genre qui oblige à traverser plusieurs contrées étrangères, il est une foule de difficultés qu'il faut aplanir d'avance si l'on veut n'être pas constamment arrêté dans sa marche en avant; parmi ces difficultés celle des douanes n'était assurément pas la moindre.

Dans le voyage de Paris à Madrid, que j'avais accompli en juin-juillet 1893, en compagnie de mon ami Henri Farman et que j'ai raconté sous le titre *Vélo! toro!* les formalités douanières avaient été réglées d'avance par un cycliste de Bayonne; mais cette fois, je dus m'occuper moi-même de ce détail toujours très épineux, car la douane est assurément l'une des administrations les plus internationalement tracassières et pointilleuses qu'il soit possible d'imaginer.

Je résolus de régler la question sans tarder et j'écrivis aux deux ambassadeurs d'Allemagne et d'Autriche-Hongrie, le comte de Munster et le comte Hoyos.

Le surlendemain je recevais une lettre de convocation des deux ambassadeurs. A l'ambassade d'Allemagne, je fus reçu par le comte d'Arco, secrétaire, qui se montra extrêmement courtois, et après quelques instants de conversation, déclara qu'il allait en référer tout de suite au comte de Munster; à son avis nul doute que toutes facilités nous seraient accordées pour le passage à la frontière.

Le même jour, je me présentai à l'ambassade d'Autriche-Hongrie, rue de Varennes. C'est le comte Zichy, conseiller d'ambassade, qui me reçut. Son accueil ne fut pas moins aimable que celui du comte d'Arco.

Après quelques questions sur le voyage que nous allions entreprendre Willaume et moi, le comte Zichy me dit:

—Que désirez-vous exactement de nous? Nous sommes à votre entière disposition.

—Je désire, répondis-je, que lorsque nous passerons, nous et nos entraîneurs, à la frontière austro-allemande, à Sembach-Braunau, nous ne perdions pas un temps précieux à la douane. Le mieux serait peut-être de nous donner un mot, nous recommandant tout spécialement aux autorités douanières afin de ne pas être soumis à une foule de formalités plus ou moins longues et désagréables.

Le comte Zichy réfléchit un instant, puis répondit:

—Je vais faire mieux encore. Je vais prévenir le ministre des affaires étrangères à Vienne, qui adressera un avis à la douane à Braunau. Vous pourrez ainsi passer en toute sécurité et sans crainte de retards. Revenez me voir, si vous voulez, dans quelques jours et je vous dirai ce qui a été fait.

Quelques jours après, je retournai rue de Varennes; le comte Zichy était absent; mais un des employés de l'ambassade me dit: «Tout a été fait, ainsi que le comte Zichy vous l'avait promis. Le ministre des affaires étrangères a été prévenu.»

Et le fait était rigoureusement exact. Oui, avec une amabilité et un empressement qui me firent déjà comprendre comment nous serions accueillis à Vienne, l'éminent diplomate avait de point en point exécuté sa promesse. De plus, j'appris à Vienne que le ministère avait, de son côté, prévenu la douane. Eh bien! tel est l'endurcissement imbécile de cette exaspérante administration, que nous eûmes une foule d'ennuis à Braunau, comme on le verra plus tard. Il est vrai qu'à notre retour, quand avec l'Orient-Express, on repassa à la frontière, ladite administration était revenue à de meilleurs sentiments et nous fit presque des excuses.

A l'ambassade d'Allemagne on avait procédé autrement. Ainsi que je l'ai dit, le comte d'Arco devait aviser de l'affaire le comte de Munster. Quelques jours après, en effet, je recevais la lettre suivante signée de la main même de l'ambassadeur d'Allemagne:

«Monsieur Edouard de Perrodil,
»Rédacteur au *Petit Journal*.

»En réponse à la lettre du 27 de ce mois, j'ai l'honneur de vous transmettre ci-joint, conformément au désir que vous m'en avez exprimé, une recommandation pour les autorités frontières allemandes destinée à vous faciliter le passage de la frontière ainsi que l'accomplissement des formalités douanières.

»Recevez, monsieur, l'assurance de ma considération distinguée.

»L'Ambassadeur d'Allemagne,
»Munster»

Avec cette lettre, plus rien à craindre, et voyez la circonstance singulière: elle nous servit fort peu, tant fut empressé et sympathique l'accueil qui nous fut fait durant toute la traversée de l'Allemagne.

Dans l'itinéraire que j'avais tracé, et qui passait par Château-Thierry, Nancy, Strasbourg, Stüttgard, Ulm et Lintz, j'avais fixé le point de départ place de la Concorde. La raison en était simple. Outre que cette place forme un point aussi central que facilement abordable pour tous les cyclistes, elle est voisine du domicile de mon compagnon Willaume et du mien, tous deux situés à deux pas de la rue Royale. Le départ devant être donné à six heures du matin, nous avions quelques chances de plus d'être exacts au rendez-vous. Mais une question restait à régler: par quelle voie opérerions-nous la traversée de Paris, question importante dans ces sortes d'expéditions, une grande quantité d'amis connus ou inconnus se disposant toujours à vous faire escorte ou à vous attendre au passage. Tout d'abord, j'avais pensé à la rue du Faubourg-Saint-Antoine, mais, je changeai bientôt d'avis, en raison du pavé assez mauvais de ce côté, et en outre, des nombreux maraîchers installés le long de cette rue.

Je songeais au boulevard Saint-Germain, malgré les rails de tramways qui y sont fort gênants, lorsque, un jour longeant les grands boulevards, je résolus catégoriquement de fixer par là l'itinéraire.

Seulement, une difficulté très grande se présentait, et c'est cette difficulté même qui m'avait fait repousser l'idée la première fois qu'elle m'était venue à l'esprit. Mais maintenant, dans l'admiration où j'étais de cette voie superbe, je résolus de vaincre l'obstacle.

Il s'agissait de l'effroyable cloaque qui, chaque matin, juste à l'heure où nous devions passer, remplace la ligne des boulevards, par suite de l'arrosage à outrance qui y est opéré.

Obliger tous les cyclistes à rouler dans ce cloaque, jamais; d'autant que des chutes graves pouvaient se produire. Je n'hésitai pas. On a accordé une faveur au *Petit Journal* à l'occasion de la grande course Paris-Brest, on en accordera bien une semblable, me dis-je, à l'un de ses rédacteurs.

Et, cette réflexion faite, je me rendis à l'administration de la Ville de Paris, avenue Victoria. Je trouvai M. Mourot, l'un des chefs de service dont je croyais que dépendait l'arrosage de la voie publique et à qui j'étais recommandé par M. Pierre Giffard, le chef des informations du *Petit Journal*. M. Mourot connaissait déjà mes projets annoncés par les journaux; il me dit, quand je lui eus fait part de mon désir, cette parole que je cite textuellement et dont je certifie l'authenticité. Cette parole montrera que s'il est des hommes quelquefois peu aimables dans l'administration française, il en est d'autres qui savent faire largement oublier cette particularité fâcheuse. M. Mourot me dit donc: «Si ce que vous me demandez dépendait de moi, ce serait déjà une affaire entendue, mais la chose regarde un de mes collègues, M. Morin, chef de bureau, chargé de la voie publique dans le service des travaux de Paris. Je vais vous faire conduire auprès de lui avec un mot de recommandation.» Si j'insiste sur ces détails, c'est que le résultat que j'ai obtenu a excité la verve de plusieurs de mes confrères de la presse parisienne qui en ont fait un sujet de longue dissertation. Il faut bien remplir les colonnes des journaux.

Me voici donc dans le bureau de M. Morin, qui, après avoir pris connaissance de la lettre de son collègue, me demande quel sujet m'amène auprès de lui. J'explique à M. Morin que je dois me rendre de Paris à Vienne à bicyclette, que le départ de Paris étant fixé à 6 heures du matin par les boulevards, l'arrosage, battant son plein à ce moment, pourrait être dangereux en raison du nombre des cyclistes qui ne manqueraient pas de nous faire escorte, et je demandais que, par une faveur toute spéciale, on voulût bien suspendre l'arrosage à cette occasion, ce qui d'ailleurs ne constituerait jamais qu'un retard d'une demi-heure ou une heure au plus dans le fonctionnement du service.

Tout d'abord M. Morin, dont l'accueil ne le cédait en rien à celui que j'avais reçu de son collègue, mais qui semblait préoccupé en ce moment, parut ne pas parfaitement saisir ma proposition:

—Vous désirez, me dit-il, après avoir passé la main sur son front avec l'air d'un homme absorbé par plusieurs affaires à la fois, que les arroseurs cessent de fonctionner au moment de votre passage?

—Pardon, pardon, répondis-je aussitôt, ce n'est pas cela; suspendre purement et simplement l'arrosage au moment où nous passerons serait insuffisant: je désirerais que l'on n'arrosât pas du tout; en d'autres termes que l'arrosage des grands boulevards, qui se fait habituellement, je crois, vers cinq heures ou cinq heures et demie, ne commençât qu'à six heures dix minutes.

M. Morin réfléchit un instant. Il passa de nouveau la main sur son front, puis, brusquement, relevant la tête, il me dit ces simples mots: «C'est entendu, Monsieur, ce sera fait; vous pouvez y compter.»

Je ne savais en quels termes remercier M. Morin de la faveur qui m'était faite. Je partis heureux de pouvoir annoncer aux amis que nous pourrions rouler tranquilles sur les grands boulevards, le 23 avril au matin.

Trois ou quatre jours après, quand la nouvelle fut connue, plusieurs journaux de Paris, je l'ai dit, exercèrent leur verve sur cette faveur exceptionnelle faite par l'administration de la Ville de Paris à un cycliste. Je dois, toutefois, le reconnaître, la critique, quoique railleuse, ne fut nullement mordante. Un seul journal parut vexé. Il déclara qu'on faisait à Edouard de Perrodil une faveur qu'on ne faisait pas au Président de la République!!!

De pareilles réflexions dans de pareilles circonstances étonnent vraiment.

Jamais un journal ne perdra l'occasion de blâmer l'administration française de sa morgue à l'égard des particuliers, et le jour où cette administration accorde une faveur à un de ces particuliers, le même journal le trouve mauvais. Tant, hélas! il est difficile d'être juste et logique dans les appréciations à l'égard des gouvernements ou de ce qui y ressemble.

Toutefois ces critiques eurent un bon côté: elles me montrèrent jusqu'où devait aller la bienveillance administrative à mon égard. Craignant qu'elles eussent provoqué dans l'esprit de l'administration un revirement, j'écrivis une lettre à l'aimable chef de bureau, M. Morin, afin de lui rappeler sa bonne promesse. Par retour du courrier, je reçus la réponse suivante:

«Paris, le 21 avril 1894.

»Monsieur,

»En réponse à la lettre que vous avez bien voulu m'adresser ce matin, j'ai l'honneur de vous informer que, suivant le désir que vous m'en avez exprimé il y a huit jours, des ordres ont été donnés pour que l'arrosage de la place de la Concorde, de la rue Royale, et des boulevards, jusqu'à la Bastille, n'ait lieu, lundi prochain, qu'après le passage des vélocipédistes qui vous accompagneront.

»Recevez, Monsieur, l'assurance de ma considération très distinguée.

»L. Morin,
»Chef des bureaux du service de la
voie publique de Paris.»

Après cette lettre, j'étais tranquille. J'ai dit que le voyage à bicyclette de Paris à Vienne, je devais l'accomplir en compagnie de M. Louis Willaume.

Pour des excursions de ce genre on comprendra qu'il soit difficile de choisir un compagnon, en raison des fatigues énormes qu'elles comportent. Henri Farman, qui déjà avait fait avec moi le voyage de Madrid, n'ayant pu, cette fois, par suite de ses occupations, entreprendre celui de Vienne, Louis Willaume me paraissait, parmi mes amis, désigné pour accomplir ce trajet. Déjà il avait fait avec moi le tour de France à bicyclette et j'avais constaté chez lui une endurance au moins égale, voire même supérieure à la mienne. A la suite de cette équipée, il manifesta un vif désir de recommencer. Mon projet de voyage de Paris à Vienne venait là juste à point.

Louis Willaume est né à Commercy, de parents Français; il n'a donc rien d'un Anglais comme race. Toutefois, circonstance assez singulière, il en a le flegme et même la physionomie. Il s'exprime avec une lenteur qui ne se dément jamais. Il est bien découplé, et de taille moyenne. Son athlétique maigreur lui donne au premier abord l'air un peu rébarbatif que la douceur de son regard et la lenteur de sa conversation toujours simple démentent bien vite. Au demeurant, le plus agréable des compagnons de route.

Louis Willaume était mon compagnon officiel. Deux autres personnages s'étant trouvés mêlés durant la plus grande partie du trajet à nos aventures, je dois ici les faire connaître au lecteur.

Une quinzaine de jours environ avant notre départ, le comte R. d'A..., avec qui j'ai à Paris d'excellentes relations, vint me faire la proposition suivante: «J'ai un ami qui, depuis l'annonce de votre voyage, meurt d'envie de partir avec vous. Voulez-vous l'accepter en votre compagnie? Vous n'aurez pas à vous préoccuper de lui. Il vous suivra, voilà tout.»

J'acceptai de grand cœur la compagnie du jeune homme, M. Blanquies, en manifestant toutefois quelques craintes sur la façon dont il pourrait supporter les fatigues du voyage.

«Je crois qu'il vous suivra, me dit M. R. d'A...; d'ailleurs c'est son affaire.»

Dès le lendemain M. Blanquies me fut présenté. Il me parut, en effet, taillé de manière à pouvoir affronter les fatigues les plus excessives, malgré ses vingt ans seulement.

Grand, large d'épaules et de poitrine, le teint bronzé, M. Blanquies m'apparut comme l'un des héros que le romancier Cooper met si souvent en scène dans ses récits d'expéditions contre les Indiens du Nouveau-Monde.

En réalité un enfant de Paris, un pur-sang de Montmartre, un gavroche légèrement mâtiné de Gascon, blaguant tout ce qui n'est point Parisien, aimant ses aises, mais toujours excellent camarade et prenant la vie par le bon côté.

Enfin un dernier personnage devait compléter le groupe joyeux des quatre anabaptistes.

Dans le courant de l'hiver, un jeune tchèque, du nom de Chalupa, vint me rendre visite au *Petit Journal*.

«J'ai appris votre voyage, me dit-il; voulez-vous m'accepter en votre compagnie? Voici. Je suis originaire de la Moravie, j'habite Paris depuis trois ans, et je voudrais aller passer quelques jours dans mon pays. Comme je connais parfaitement les deux langues française et allemande et même les patois autrichiens, je pourrai vous être d'un très grand secours.»

J'acceptai. Toutefois l'aspect frêle du pauvre Chalupa m'inspira le conseil suivant que je lui donnai aussitôt:

«Je crains bien que vous ne puissiez suivre notre marche forcément assez rapide. Pourquoi partir de Paris avec nous? En France, nous n'avons nul besoin d'un interprète. Rendez-vous donc à Strasbourg par le train et de là vous partirez avec nous.»

Chalupa, le brave Chalupa, suivit ce conseil, et on verra par la suite de ce récit qu'au moment de notre passage à Strasbourg, au milieu du triomphe qu'on nous y avait préparé, Chalupa se trouva fidèle au poste et, depuis cette ville, partagea une grande partie de nos multiples aventures.

II

LE DÉPART

Le lundi matin 23 avril, à six heures moins dix minutes, j'arrivais sur la place de la Concorde, par la rue Royale, après avoir expédié armes et bagages chez l'homme qui devait suivre la troupe joyeuse par le train durant le parcours entier, M. Suberbie. C'est déjà lui qui, durant mon précédent voyage à Madrid, avait accompli ce métier énervant, et il s'en était acquitté avec un sang-froid et une patience tellement inaltérables que je n'avais pas hésité à solliciter une seconde fois son concours.

Au moment de mon apparition sur la place de la Concorde, une foule de cyclistes et de curieux assiégeaient déjà l'obélisque de Louqsor. Blanquies était à son poste. Willaume y arrivait presque en même temps que moi. Nos costumes étaient fort simples: veste et culotte classiques, avec bas, maillots de laine, et chapeaux de feutre mous. Nul embarras sur les machines.

Nos livrets de recordmen, car des recordmen ne vont pas sans leurs livrets, devaient être signés par MM. Mousset et Peragallo, deux aimables sportsmen que nos lecteurs vélocipédiques connaissent de nom sans nul doute. A six heures moins trois minutes, nous avions les signatures de ces messieurs. J'allai saluer lord Ava, fils de lord Dufferin, ambassadeur d'Angleterre à Paris, dont mon compagnon Willaume venait à l'instant de me signaler la présence. L'ambassadeur d'Angleterre et son fils sont, disons-le en passant, de passionnés amateurs de cyclisme, au point que lord Dufferin a fait établir dans les jardins de l'ambassade une fort coquette piste vélocipédique.

A six heures sonnant, une vigoureuse poignée de main est donnée aux amis, accourus à notre départ, malgré l'heure matinale; puis, en selle!

Près de cent cinquante cyclistes se mobilisent aussitôt et l'armée se dirige vers les grands boulevards par la rue Royale. L'aspect du ciel annonce une journée superbe. L'horizon est estompé de vapeurs grisâtres auxquelles les reflets du soleil donnent par endroits une teinte de rose clair. Le vent roule de l'est. Mauvaise affaire pour nous, car il va nous heurter de front, avec furie, dans la campagne; mais, je n'ai pas un instant la pensée de me plaindre, car je sais que dans toute la région de la Seine ce vent nous assure le beau temps. Hélas! nous ne nous attendions pas au déluge qui devait nous surprendre à notre arrivée sur le territoire autrichien, et que rien alors n'eût pu nous faire prévoir.

Nous nous avançons à une allure très solennelle sur les grands boulevards. Le défilé est magnifique. Cent cinquante machines dont les aciers miroitent au soleil, s'avançant en groupe parfaitement ordonné, constituent toujours un spectacle incomparable. Ce sont des milliers de zébrures scintillantes qui éclatent de toutes parts comme des feux électriques. Flammes papillonnantes et fugitives, aussitôt nées, aussitôt éteintes.

L'administration a tenu sa promesse. Le boulevard est absolument sec. Les arroseurs sont là, mais ils se contentent de regarder. Dans les rues adjacentes, l'inondation s'arrête net au boulevard. Brave administration. Nous pouvons rouler à notre aise. Pas d'accidents à craindre. Néanmoins nous allons à une allure très lente, en raison du nombre des cyclistes présents; Paris est d'ailleurs plongé dans le sommeil. Seuls les arroseurs, des agents de police et quelques loustics contemplent cette marche solennelle du cyclisme triomphant à travers la grande capitale.

Willaume et Blanquies, mes deux compagnons, qui, pas plus que moi ne songeaient alors aux aventures prochaines, marchent à mes côtés, au milieu de l'escadron étincelant de mille feux. Nous traversons la place de la République, les boulevards des Filles-du-Calvaire et Beaumarchais, l'avenue Daumesnil; nous franchissons la porte de Picpus; nous voici dans le bois de Vincennes. Quelques cyclistes se joignent à nous, d'autres nous quittent. Nous longeons le polygone; il faut doubler un escadron de chasseurs. Au sortir de Strasbourg, dès le surlendemain, ce sera un escadron allemand qu'il nous faudra doubler.

Nous voici au passage à niveau de Joinville-le-Pont. Il est fermé, naturellement. Quand les cyclistes pressés trouveront libre un passage à niveau, c'est qu'un cataclysme sera sur le point de bouleverser l'univers. Mais voici qui est mieux: un train est passé, et on en attend un autre en sens inverse; le garde-barrière ne veut pas nous ouvrir la voie. Parbleu! tous ces contre-temps sont dans l'ordre. Nous perdons dix minutes, mais le temps est si beau et la route est si belle! Seul le vent va nous causer quelques ennuis.

Nous sommes sur la grande route et nous venons de passer la fourche de Champigny; nous avançons sous un dôme de feuillage, dans la direction de Lagny et de Meaux. L'escadron s'est égrené au point d'être réduit à rien; maintenant nos entraîneurs officiels sont devant nous et le train s'accentue. Ces entraîneurs sont pour la plupart des champions du cycle habitués de nos vélodromes parisiens, notamment MM. Merland et Chabaud, Dreux et Plewinski, montés à tandem. Parmi eux se trouve également un coureur qui devait, quelques jours après notre retour de Vienne, remporter une grande victoire sportive, Lesna, vainqueur de la course Bordeaux-Paris.

Tous, munis de jarrets solides, nous mènent maintenant à une allure rapide; nous arrivons à Meaux où nous faisons un arrêt de quelques secondes à peine; nous roulons vers La Ferté-sous-Jouarre. Le ciel est radieux, le vent souffle toujours violemment de l'est, mais nous sommes entraînés par des hommes du métier, qui combattent pour nous et nous débarrassent de cet ennemi mortel.

La veille de notre départ, plusieurs journalistes de nos amis, redoutant l'allure peut-être un peu rapide de notre marche, avaient décidé de se rendre par le train, les uns sur la route, entre Paris et Château-Thierry, les autres directement dans cette dernière ville où nous devions arriver vers midi pour déjeuner, et où, par suite, on avait fixé le rendez-vous général. C'était une partie de plaisir organisée à l'occasion de notre voyage.

Parmi les aimables confrères qui avaient pris congé pour cette petite excursion, MM. Philippe Dubois et Renault, tous deux rédacteurs au journal l'*Intransigeant*, avaient décidé de nous attendre au sommet de la côte qui précède la ville de la Ferté-sous-Jouarre. Je ne l'avais pas oublié, certes, car on n'imagine guère à quel point il est agréable pour des cyclistes lancés sur une grande route de se sentir attendus sur tel point par des amis ou connaissances. En arrivant donc en vue de la côte, tandis que Blanquies et Willaume roulent sans desserrer les dents derrière le groupe d'entraîneurs, je fixe d'un regard ardent le sommet de la butte, essayant d'apercevoir la silhouette de nos deux amis. Mais rien ne se dessinait sur le ciel uniformément bleu. «Nous attendre, ah! bien oui, pensai-je, c'est plus facile à dire qu'à faire. Oui, oui, au sommet de la côte, il n'y a pas plus de Philippe Dubois et de Renault que dans le creux de ma main. C'est pourtant surprenant. Me l'ont-ils assez répété qu'ils se trouveraient là, à nous attendre, l'arme au pied? Nous y voici, maintenant, nous y sommes, au sommet en question, et c'est désert.»

Nous roulons très vite à la descente vers la Ferté. Toujours personne. «Ah! ils sont fidèles, au moins ceux-là,» me dis-je une fois encore.

Alors je déclarai à mes compagnons: «J'avais noté un quart d'heure d'arrêt à la Ferté. Eh bien! pas d'arrêt. Pied à terre seulement pour la signature des livrets, puis en route. Nous franchissons la ville, et, à la sortie, nous nous arrêtons pour demander la signature d'un bourgeois complaisant.

Soudain, au moment où le bourgeois qui, par parenthèse, était une bourgeoise, appose sa griffe sur nos livrets, j'entends des cris joyeux: «Vous voilà, oh! mais, vous êtes en avance savez-vous.» C'étaient nos deux amis qui venaient d'arriver à grande vitesse. Philippe Dubois, la physionomie écarlate, ruisselante, et débordant de cette joie que seul procure cet exercice merveilleux de la bicyclette, continue: «Oh! mais oui, vous êtes en avance, nous ne vous attendions pas si tôt; nous nous étions avancés dans la direction de Château-Thierry, puis nous revenions sur nos pas pour aller nous fixer au sommet de la côte!»—«Parfaitement, mon brave, et moi qui vous calomniais odieusement, oh! mais, odieusement! Je vous accusais d'infidélité. Allons, allons, tout va bien, disparaissons.»

Mais avant de disparaître, on voulut livrer à nos gorges légèrement altérées un liquide rafraîchissant. Blanquies, dont l'effroyable estomac semblable au gouffre sans fond des Danaïdes, devait nous causer plus d'une stupéfaction, régla un premier compromis avec le liquide, en absorbant le contenu d'une suite de verres, ce qui le mit en joyeuse humeur; il commençait à exercer sa verve gouailleuse sur le nez du patron de l'établissement, quand le signal du départ fut donné. Le liquide en question devait d'ailleurs exercer une influence fort courte sur les tissus de notre ami, car il nous déclara ensuite être presque tombé en défaillance quelques instants avant notre arrivée à Château-Thierry, tant il était travaillé par une fringale sans exemple dans les annales de ses excursions vélocipédiques.

Aucun incident ne vint troubler notre quiétude, après notre départ de la Ferté-sous-Jouarre. Willaume ne disait pas un mot. C'était d'ailleurs sa manière, à lui, de manifester sa bonne humeur. Nous devions arriver à midi à Château-Thierry, situé à 98 kilomètres de Paris; à onze heures quinze nous faisions notre entrée dans la ville.

Devant l'hôtel de l'Éléphant, où M. Suberbie avait déjà fait préparer un copieux déjeuner, nos amis étaient là: lui, Suberbie, d'abord, qui attire toujours les regards par sa taille formidable, M. de Hermoso, rédacteur au *Gil Blas*, qui dans ce journal «détient» la rubrique vélocipédique et en a fait l'une des plus intéressantes de la presse parisienne et départementale.

M. de Hermoso avait espéré un moment nous accompagner par le train jusqu'à Vienne; malheureusement ses affaires l'avaient retenu à Paris, mais il n'avait pas voulu nous laisser partir sans venir nous faire ses adieux au cours de notre première étape. Cet aimable confrère, Espagnol de pure race, petit et d'une large carrure, à la barbe et aux cheveux d'un noir de jais, est bien la synthèse vivante de toutes les brillantes qualités qui distinguent le peuple espagnol: d'une franchise et d'une loyauté à toute épreuve; toujours aimable, serviable et chevaleresque, M. de Hermoso semble représenter le type accompli du chevalier sans peur et sans reproche. Chevalier, il l'est du reste, car il porte à la boutonnière le ruban de la Légion d'honneur.

Avec lui, se trouvaient son jeune secrétaire, M. Chérié, puis d'autres personnes dont les noms malheureusement m'échappent. Quelques minutes après, voici venir de fidèles compagnons restés en arrière: MM. Faussier, rédacteur au journal *le Vélocipède illustré*, et Dreux, retardé par une avarie de machine. A force de pédales, ils nous ont rejoints.

Tout le monde se met à table. Les mets disparaissent dans les estomacs affamés. Blanquies est effrayant pour ses voisins. Il dévore, ce qui ne l'empêche nullement de se divertir, au détriment de la patronne cette fois, à laquelle il trouve l'air absolument ahuri. Le liquide, la joie, les paroles, tout déborde à la fois. Willaume est à ma droite et froidement se contente de me déclarer qu'il mange bien. Oh! il ne se déferre pas facilement, l'excellent ami Willaume; il ne se plaint jamais. Il ne donne jamais le signal du départ, il ne commande jamais; c'est à peine s'il exprime une opinion, il obéit, c'est tout.

S'il est à la moitié de son repas et qu'on lui dise de partir, il part.

Midi et demi. Le temps presse. C'est la seconde séparation. Nous voici déjà en selle, le cap sur Épernay. C'est à peine si quelques minutes viennent de s'écouler que déjà nous voici, roulant vers la Champagne, sous un ciel éclatant de lumière, par la route toujours magnifique de la luxuriante et pittoresque vallée de la Marne.

Nous passons Tréloup, le pétillant village où les vignerons organisèrent une véritable émeute quand on voulut, il y a quelques années, s'occuper de faire subir à leurs vignes un traitement préventif dans la crainte de l'invasion prochaine du phylloxera. Les vignerons ont vu depuis que ce prétendu croquemitaine n'était pas né dans des imaginations de radoteurs. Voici Dormans, berceau délicieux, couché le long de la Marne, au confluent du chemin de Tréloup et de la route nationale.

Ici on s'arrête quelques secondes; c'est le pneumatique d'un de nos entraîneurs qui nous y oblige. La voie ondule de plus en plus; mais tout le monde est dans le plus parfait état, et nous roulons très vite vers Épernay.

Quand un navire aborde dans un port étranger et d'accès difficile, il reçoit à son bord un pilote du pays qui prend la barre pour conduire le bâtiment à travers les obstacles et lui faire éviter les écueils. Les voyages rapides à bicyclette peuvent, sous ce rapport, être comparés aux voyages sur mer, et dans les villes aux abords difficiles, il serait toujours intéressant d'avoir des «pilotes» du pays pour vous faire pénétrer dans la ville par les voies véloçables.

Nous n'avions pas à nous plaindre; les pilotes, nous les avions; ils étaient venus à notre rencontre pour nous faire pénétrer dans Épernay dont l'accès, précisément par la route nationale, est des plus dangereux; c'étaient d'excellents cyclistes du pays, braves camarades qui nous conduisirent à travers la ville et devaient quelque temps nous servir d'entraîneurs. Au passage sur la place principale, l'un de ces vaillants compagnons, M. Masson, nous amena chez lui et on salua Épernay par une formidable rasade de champagne.

Adieux, remercîments chaleureux à nos hôtes aimables, saluts nombreux aux cyclistes nos frères, après quoi nous nous élançons vers Châlons-sur-Marne. Un tandem monté par MM. Ollier et Rémond, de Reims, est devant nous. Ce sont des marcheurs de premier ordre. Plusieurs fois je suis obligé de faire ralentir le train que je trouve trop rapide. Willaume ne dit rien: que l'allure soit lente, qu'elle soit rapide, il suit le mouvement, c'est son état. Blanquies, lui, émet de temps à autre une opinion sur le rôle singulier qu'il est en train de jouer; il pédale joyeusement, et déclare que depuis longtemps il ne s'en était pas administré une pareille «tranche». Mais ce qui le fait éclater de rire, c'est de penser qu'il va se trouver bientôt nez à nez avec des Prussiens.

Le vent n'est pas trop violent; nous pédalons de concert, longeant la route blanche, quand soudain, sans que personne ait pu prévoir le coup, sans que rien d'anormal, du moins en apparence, se soit produit, sans que le moindre choc ait pu expliquer l'événement, Willaume perd l'équilibre et, avec une très grande violence, est précipité sur le sol.

En un clin d'œil, toute la troupe a mis pied à terre. On s'empresse autour du pauvre garçon dont il nous est impossible de nous expliquer la chute. D'ailleurs Willaume s'est relevé rapidement; il a une écorchure légère à la main; lui-même ne comprend absolument rien à ce qui vient de lui arriver: un léger étourdissement sans doute causé par la température devenue lourde et un peu orageuse. La machine n'a aucune avarie. On se remet en selle: «Ne faites plus attention à moi, déclare Willaume, je suis aussi bien que possible; continuons.»

La troupe se remet en marche vers Châlons-sur-Marne, où nous arrivons à cinq heures et demie du soir environ. Nous nous dirigeons aussitôt vers un hôtel où Suberbie a dû faire préparer un dîner.

Nous nous engouffrons dans la cour de l'établissement. Je pose à la patronne, qui se présente aussitôt, la seule question de circonstance:

—Notre dîner est-il prêt?

Je ne sais si ladite patronne comprend bien ma question. Toujours est-il qu'elle répond:

—Oui, monsieur, on va vous servir.

—Très bien, madame, c'est parfait. Mais vous savez, vite, vite, nous sommes pressés, et puis, vous voyez, nous sommes nombreux, un régiment de gaillards qui ont pour le quart d'heure l'estomac aux talons. Où est la salle à manger?

En posant cette nouvelle question: où est la salle à manger? je croyais également formuler une proposition toute naturelle et absolument de circonstance. Je me trompais. La patronne ne répondit pas. Un garçon interpellé à son tour parut ne pas comprendre. Je cherche la patronne qui s'était esquivée:

—Voyons, voyons, excellente dame, vous me dites qu'on va nous servir? Eh bien! où est la salle à manger? On n'a pas l'habitude de se restaurer au milieu de la cour de votre hôtel, je suppose.

Alors cette ventripotente personne me dit, avec un flegme à désorienter l'empire britannique tout entier:

—Mais, monsieur, vous allez attendre trop longtemps; il n'y a rien de prêt; on ne se met à table qu'à six heures et demie ici. En disant: on va vous servir, je voulais dire on va vous servir au moment de la table d'hôte.

En présence de cette formidable réponse, je me tourne vers mes compagnons que domine la gouailleuse physionomie de Blanquies.

—J'ai raconté quelque part qu'en province, passé certaines heures, les estomacs doivent être clos, de par la loi. Me suis-je trompé?

Ainsi, voilà qui est clair, si quelqu'un tombe d'inanition à cinq heures et demie, rien pour lui, rien, absolument rien ici, pas même un misérable bouillon. D'ailleurs on n'a pas l'idée de mourir de faim à cinq heures et demie, c'est évidemment de la démence; ah! ah! tomber d'inanition avant six heures et demie! Oh! oh! quelle histoire! Et, vous savez, vous demanderiez un œuf cru que vous ne l'obtiendriez pas; mais non, on ne se met à table qu'à six heures et demie.

Blanquies, en présence de ce tableau essentiellement nouveau pour lui, fait entendre son rire guttural et déclare avec son accent faubourien, en agitant un de ses bras dont la longueur achève de donner à la tournure générale de mon brave et joyeux compagnon l'aspect bien caractérisé de l'enfant de Paris:

«Eh bien! mes petits agneaux, qu'est-ce que vous dites de celle-là? Ah! ah! ah! elle est bien bonne. Dites donc, à propos, où sommes-nous ici, à Châlons? Où ça perche, ça, sur la carte, Châlons? Ils sont rigolos, les Châlonnais! Eh! dites donc! la mère? la patronne? Eh! là? mais savez-vous qu'à Montmartre on peut se présenter à deux heures du matin, n'importe où, on vous sert et tout de suite encore, et on s'en paye, allez!

Dites-moi, les amis, cet hôtel s'appelle évidemment le Chapon bleu, si nous allions au Chapon vert?»

Cette idée à peine émise, nous nous saisissons de nos machines, et nous voici défilant à la queue-leu-leu dans la direction d'un autre hôtel, où nous arrivons processionnellement et de plus en plus en proie à une faim canine. Dès l'entrée, nous apercevons Suberbie, le malheureux, en train de se débattre avec la nouvelle patronne, du nouvel établissement.

J'entends cette dernière s'écrier, tandis que Suberbie nous fait part de ses déboires: «A-t-on jamais vu, des gens qui ont faim avant six heures et demie. Ah! ça, d'où viennent-ils donc?»

Blanquies, en entendant ces exclamations, est saisi d'un fou rire:

«—Hi! hi! hi! ah! non, oh! laissez-moi rire, comment appelez-vous ce pays-ci, Châlons-sur-Marne? oh! C'est trop drôle!»

Moi, j'étais exaspéré.

«—Mais, mon pauvre Suberbie, m'écriai-je, vous perdez votre temps, vous savez bien qu'il est interdit de se mettre un objet matériel sous la dent avant six heures et demie. Allons! allons! disparaissons!»

Encore une fois, nous prenons nos machines et nous voici défilant de nouveau. On eût dit une scène du *Chapeau de paille d'Italie* de cet inénarrable Labiche.

Quelqu'un de la troupe émet une idée:

«Si nous allions au buffet de la gare.»

L'idée est saisie au vol.

—C'est cela, au buffet de la gare, lui répond le chœur des affamés.

Nous arrivons au buffet. Je me trouve à ce moment un peu en arrière du peloton, je me présente juste à temps à vingt mètres de la porte pour voir un garçon sortir et s'écrier, en s'adressant au premier de mes compagnons qui a essayé d'introduire sa machine dans le couloir précédant la salle à manger: oh! mais, pas de bicyclette ici, il n'y a pas de place.

—Où voulez-vous que nous les mettions?

—Où vous voudrez, mais pas ici.

Alors, mon exaspération arrive à son comble. Je m'écrie: «Quel pays d'enragés! Allons-nous-en, les amis, suivez-moi, comme dans *Guillaume Tell*. Fuyons, fuyons.»

Troisième défilé. Cette fois, j'ai pris la tête, je regarde et aperçois en face de la gare un caboulot d'une apparence assez encourageante. J'y entre comme un orage.

—Y a-t-il un patron ici?

—Oui, monsieur.

—Appelez-le.

—Le voici, monsieur.

—Mange-t-on, ici?

—Parfaitement, monsieur.

—Tout de suite?

—Oui, monsieur.

—Pouvez-vous nous donner du bouillon chaud, immédiatement?

—Parfaitement, monsieur.

—Des biftecks?

—Tout de suite, si vous voulez.

—Des œufs?

—Je les commande à l'instant.

—Et allons donc! Vous êtes un brave homme, au moins, vous. En avant, en avant les amis, on peut manger à toute heure ici.

Toute la troupe arrive. Blanquies, dont l'estomac se tord, se présente devant une table, et comme il trouve un morceau de bifteck destiné sans doute à un client attardé, il en fait quatre bouchées en déclarant tout net: «Je commence par m'envoyer ça, moi.»

Enfin, on nous sert, et vite, c'est merveilleux.

Pendant ce dîner rapide, un sportsman que nous connaissions tous, M. Léon Hamelle se présente et, quand il apprend nos déboires, nous adresse un amical reproche: «Si j'avais été prévenu!»

Enfin, rien de cassé.

Le correspondant du *Petit Journal* à Châlons, averti de notre arrivée, se présente à son tour, et vient prendre de nos nouvelles.

«—Des nouvelles? Excellentes. Vous voyez, tout le monde est dispos.» Sauf Willaume toutefois, que sa chute a fortement bouleversé. Willaume ne peut décidément avaler une seule bouchée, malgré des efforts réitérés.

Quand le signal du départ est donné, mon compagnon de route n'a pu encore rien prendre. Circonstance qui m'eût fortement inquiétée, si je n'avais connu l'endurance et le courage surhumains de Willaume. Lui-même déclare d'ailleurs qu'il ne ressent aucune fatigue. Sa chute l'a un peu remué, voilà tout.

Nous partons donc, le cap sur Vitry-le-François, où mon vaillant compagnon allait me plonger dans les plus cruelles perplexités; mais son courage inouï devait surmonter tous les obstacles. Il était près de sept heures. Notre journée devait finir à Bar-le-Duc seulement, à 260 kilomètres de Paris.

III

LES TOURMENTS DE VITRY-LE-FRANÇOIS

Au départ de Châlons-sur-Marne, le soleil s'abaissait à l'horizon et la chaleur du jour faisait place d'instant en instant à la plus délicieuse température. Le vent s'était calmé. Les objets s'estompaient à travers une atmosphère cendrée que les rayons rougissant du soleil pénétraient de lumière. Les lointains, perdus peu à peu dans la transparence vaporeuse de l'air surchargé d'humidité printanière, attiraient encore le regard en absorbant la pensée. Au ciel bleu, quelques rares nimbus couvraient l'horizon dans la direction de l'ouest. Nimbus, fâcheux nimbus qui étaient comme un signe avant-coureur d'un changement dans les courants atmosphériques.

Ainsi qu'il arrive toujours après un ravitaillement bien conditionné, chacun se taisait: en ce moment tous semblaient se complaire dans l'indicible douceur de l'air et le spectacle enivrant de la nature.

Nous n'avions, du reste, les trois compagnons, nulle préoccupation de temps ou d'itinéraire. Nous étions en avance d'une demi-heure environ sur nos prévisions; d'autre part, de nombreux entraîneurs, parmi lesquels de jeunes cyclistes du Club de Vitry, venus à notre rencontre, nous entouraient. Nous n'avions donc qu'à nous confier à eux et à les suivre, en continuant à admirer l'aspect général de la campagne environnante dont le panorama, orné d'une infinie variété de couleurs, se déroulait devant nous.

Nul incident sur cette partie de la route parcourue à un train régulier. Willaume, comme les autres, se taisait. C'était, on le sait, son habitude, à lui. Il pédalait avec son aisance ordinaire. Toutefois, je ne pouvais m'empêcher de me dire: «Comment arrivera-t-il au bout de son étape? On a beau être d'une vigueur herculéenne, il y a une fin à tout. Les forces s'épuisent quand on ne met rien dans l'estomac. Or, ce pauvre ami n'a pu rien absorber depuis Château-Thierry; c'est peu.»

Une fois j'interrogeai mon excellent compagnon de route; il me répondit que sa santé était parfaite. Cette réponse ne me rassurait encore qu'à moitié sur son état véritable, car je savais que l'énergie de Willaume allait jusqu'aux dernières limites imaginables, et que tant qu'il lui resterait de la force pour pédaler, il irait de l'avant. J'en connaissais un exemple. Dans une course donnée l'année précédente de Paris à Trouville, Willaume suivait un entraîneur dont la machine effraya un cheval non attelé. L'entraîneur put éviter la ruade de l'animal; c'est Willaume qui fut atteint. Il fut précipité sur le sol et se releva affreusement blessé, le visage ensanglanté. Dans un pareil état, le valeureux champion eut le courage de continuer la course alors qu'il restait encore plus de cent kilomètres à faire par un temps affreux, et arriva premier. Quand je le vis le soir même, il était méconnaissable. La partie gauche du visage ne formait qu'une plaie.

Cet exemple connu de moi suffisait à me prouver l'endurance incroyable de mon compagnon, et jusqu'à quel degré de souffrance il irait sans se plaindre. Il était environ huit heures trois quarts, quand les entraîneurs nous annoncèrent que nous entrions dans Vitry-le-François. La nuit était venue. Encore quelques coups de pédale et nous arrivions dans le café, siège du Véloce-Club de Vitry où un grand nombre de personnes se trouvaient réunies, parmi lesquelles le président entouré de la plupart des membres du Club.

Depuis que le sport a reçu en France, et même dans le monde entier, la formidable impulsion qui a eu pour point de départ la campagne du *Petit Journal* restée célèbre, il s'est formé partout des sociétés cyclistes, quelques-unes peu développées encore, d'autres extrêmement prospères. Ces sociétés ont créé une sorte de vaste fédération du cyclisme qui a abouti à une véritable Internationale, ou, si l'on préfère, à une franc-maçonnerie d'autant plus active et efficace qu'elle a été spontanée: fédération douée aujourd'hui d'une vitalité sans exemple. Une fraternité, dont on a presque peine à s'expliquer la vivacité, règne entre tous les adeptes. L'un d'eux, quelle que soit la nationalité à laquelle il appartienne, quelle que soit sa patrie, quelles que soient ses opinions, est reçu par ses frères en cyclisme avec tout l'empressement et toute la sympathie qui accueilleraient un ami ou même un parent dont une absence prolongée eût fait désirer le retour.

Quand j'annonçai mon projet de voyage à Vienne, le Club de Vitry ne fut pas l'un des moins empressés à me prévenir qu'il attendait les voyageurs à leur passage. Au moment de notre entrée au siège de la société, il semblait que nous arrivions au sein de notre famille. Le président et plusieurs des membres qui l'entouraient, immédiatement s'empressèrent auprès de nous. Tout ce dont nous pouvions avoir besoin fut aussitôt servi: du lait, du bouillon, des biscuits, etc.

En présence de ces réconfortants, Blanquies, dont la mine ne semblait ressentir que fort peu encore les atteintes de la fatigue, essaya une fois de plus de combler son «tonneau des Danaïdes». Je ne sais s'il y réussit. Le fait le plus clair de l'histoire, c'est qu'un certain nombre de verres de vin et de lait disparurent. Pain, bouillon, gâteaux furent plongés à tout jamais dans l'oubli. Au reste vous eussiez présenté à notre intéressant compagnon un mets d'une espèce quelconque qu'il l'eût saisi adroitement entre le pouce et l'index, ou autrement suivant sa nature, et qu'il l'eût prestement envoyé aussitôt rejoindre le reste au plus profond de son estomac.

Je ne m'acquittai pas trop mal moi-même de ma besogne.

Nous en étions sur la fin de notre repas rapide, quand je m'aperçus tout à coup que Willaume n'était pas auprès de nous. Je demandai de ses nouvelles.

—M. Willaume est indisposé, me dit-on; ce qu'il a pris, il n'a pu le conserver. Il semble assez souffrant. Croyez-vous qu'il pourra continuer?

—Comment! le pauvre garçon ne va pouvoir encore se réconforter ici! Mais par quelle grâce d'état parvient-il à se tenir debout, grand Dieu!

Willaume arrivait au même moment; son visage était décomposé. Très maigre déjà, les os saillants, il paraissait plus amaigri encore; sa pâleur était extrême. Cette fois mon inquiétude était à son comble.

—Les forces humaines, me dis-je, ont une limite. Quel que soit son courage, mon malheureux compagnon va avoir une faiblesse subite en chemin si nous partons.

Nous avions accompli en ce moment jusqu'à Vitry deux cent dix kilomètres; il nous en restait cinquante à parcourir pour arriver à Bar-le-Duc.

—Maudite chute, c'est elle qui est cause de tout le mal. Faudra-t-il rester à Vitry et être arrêté ainsi dès la première journée? Il le faudra bien, car je ne veux pas me séparer ainsi de mon compagnon de route, surtout dans l'état où il est.

Toutes ces réflexions, cet excellent ami Willaume les lut sur mon visage, car sans que j'eusse prononcé une parole, il me dit, avec son impassibilité coutumière:

—Oh! nous allons partir, ne vous inquiétez pas.

Il s'était assis de nouveau à table, et avait avalé quelques cuillerées de bouillon. Mais, dès les premières gorgées, il eut un haut-le-cœur, et, une fois encore, dut rendre ce qu'il venait d'absorber.

Je lui dis:—Ne vous forcez pas, mon ami, il n'y a rien de perdu; je vais télégraphier à Bar-le-Duc que nous sommes retenus à Vitry. Nous partirons deux heures plus tôt demain, voilà tout.

—Nous allons partir, répondit-il, je marcherai jusqu'à Bar-le-Duc. Soyez sans crainte; ce n'est rien, c'est cet accident qui m'a complètement bouleversé. Mais je ne suis pas malade.

J'étais dans la plus affreuse anxiété sans le laisser paraître, anxiété que l'énergie de mon compagnon augmentait encore, car je le savais capable de marcher jusqu'au moment où il tomberait de faiblesse. Or c'était pour moi un insoluble problème qu'une course pareille accomplie sans nourriture. «La faiblesse le prendra brusquement, au milieu de la nuit, pensai-je. Et quelle situation alors!»

Enfin, Willaume se leva et déclara qu'on allait se mettre en route.

Circonstance fort heureuse: ces braves camarades du Véloce-Club avaient tout prévu: un masseur nous attendait. A tour de rôle, il nous fit subir des frictions énergiques, ce qui acheva pour ma part de remettre mes membres en état pour les cinquante kilomètres qu'il nous restait à parcourir.

Willaume, après l'opération, fit, sur mon conseil, une nouvelle tentative. Pour la dernière fois il essaya d'absorber un liquide réconfortant.

Mais tout est décidément inutile. Toujours les traits étirés, pâle et défait, il éprouve des nausées chaque fois qu'un mets quelconque est approché de sa bouche.

Les entraîneurs sont prêts. Quelques minutes avant de partir, l'un d'eux me dit:

—Plusieurs routes conduisent à Bar-le-Duc, avez-vous une préférence pour l'itinéraire?

—Absolument aucune. Conduisez-nous par le chemin le plus court et le meilleur, voilà qui est net.

—Très bien, vous n'avez qu'à nous suivre. Deux d'entre nous vont marcher en avant; ne vous occupez de rien.

Et l'on se mit en route. La nuit était d'un noir d'encre. Je sondai l'horizon du regard. Pas la moindre clarté lunaire, pas la plus infime lueur sidérale.

Deux de nos compagnons étaient heureusement munis de lanternes. On les suivit et, dans le silence profond de la nuit, troublé seulement par le frôlement de nos machines, on roula vers Bar-le-Duc.

Nul incident ne signala notre marche.

De temps à autre, un de nos compagnons, venus de Bar-le-Duc à notre rencontre, nous indiquait les pays traversés, avec un accent méridional des plus caractérisés. Je le questionnai sur son pays d'origine. Il était de Mont-de-Marsan. Coïncidence assez curieuse et qui me fit lui rappeler la cordiale réception qui m'avait été faite dans cette ville, lors de mon voyage en Espagne.

Quant à Willaume, il était merveilleux. Pas la moindre faiblesse. Jamais une plainte, jamais une réflexion pour demander de ralentir le train.

Bien au contraire, à partir de ce moment, il devait, recouvrant toute sa vigueur, marcher d'une manière superbe, toujours prêt à aller de l'avant, tant la machine humaine tient du prodige et peut se plier parfois aux efforts les plus excessifs.

A onze heures trente, nous arrivions à Bar-le-Duc, où, là encore, un grand nombre de personnes, une foule d'amis connus ou inconnus nous attendaient, parmi lesquels Suberbie, l'éternel mentor, et M. Arnould, le correspondant du *Petit Journal*, que plusieurs voyages à Bar-le-Duc m'avaient déjà fait connaître.

A minuit trente, nous avions tous disparu dans nos chambres respectives.

IV

NANCY

Le sommeil d'un cycliste, après une marche de deux cent soixante kilomètres, est souvent agité, surtout dans les débuts. Le mien ne l'est plus guère, sans doute à cause de ma très grande habitude de la route, sans doute aussi parce que j'ai soin de ne pas trop livrer de combustible à mon estomac avant de me coucher, précaution que je recommande en passant à ceux qui pourront se trouver dans mon cas. Il faut autant que possible faire du chemin après son dernier gros repas; c'est le meilleur moyen de s'assurer un sommeil tranquille.

Willaume dormit bien, lui aussi. Quant à Blanquies, le conseil donné plus haut lui eût paru sans doute un radotage antédiluvien. En présence d'un objet matériel susceptible d'être absorbé, Blanquies n'avait jamais une minute d'hésitation. Il faisait jouer ses mandibules et l'objet passait le plus mauvais quart d'heure qu'il soit possible à un être, même appartenant à la nature inorganique, de passer. En arrivant à Bar-le-Duc, bien qu'il eût déjà fait honneur à la table servie dans le restaurant de Châlons-sur-Marne, il consulta son appétit et, constatant qu'il était en merveilleux état, il se mit en devoir de le satisfaire une fois de plus. Voilà pourquoi, sans nul doute, notre ami fut le seul des trois qui eut un sommeil quelque peu agité. Il eut force rêves violents.

«C'est curieux, me raconta-t-il lui-même le matin, j'ai rêvé qu'une corde avait été tendue de l'église du Sacré-Cœur à Montmartre au sommet du Panthéon et que moi, planté sur une bicyclette, je devais rouler sur cette corde. Il fallait que j'exécutasse ce métier singulier. Au-dessous de moi, Paris, mais Paris tout petit, tout petit, presque microscopique. Puis la scène changea: je me trouvai soudain rapproché de la ville; la corde avait disparu, mais je devais rouler sur les toits des maisons en sautant de l'un à l'autre. C'était affreux. C'est vraiment à dégoûter un homme de jamais rouler sur une bicyclette. A un moment je m'éveillai, du moins je crus que je m'éveillais, et je consultai ma montre: il était cinq heures. Alors assommé je m'écriai: Oh! oh! les enfants, assez, assez, je m'arrête ici, moi, je ne continue pas; merci, par exemple. Après tout, je ne suis pas payé pour ça. Ah! bien oui, je vais prendre le train. Les trains n'ont pas été inventés pour des prunes.—Et tout en prononçant ces paroles j'éprouvais un engourdissement affreux, j'étais ankylosé des pieds à la tête. Je ne pouvais faire un mouvement; alors je tentai un effort suprême, et, cette fois, je m'éveillai réellement. Le garçon de l'hôtel venait de frapper à la porte et m'annonçait qu'il fallait se lever.»

Ainsi parla Blanquies, dont la physionomie rentrée n'allait pas tarder à s'épanouir à nouveau sous l'influence d'un café au lait d'une taille au-dessus de la moyenne.

La gaieté générale laissait fort à désirer, certes, car on n'imagine guère l'état d'affaissement dans lequel on se trouve le matin, aussitôt après son lever, quand la veille on a accompli à bicyclette une marche comme la nôtre. Willaume seul, circonstance singulière, se prit à éclater de rire en considérant nos mines déconfites. «Allons, déclara-t-il avec sa lenteur de prononciation que le diable en personne ne fût pas parvenu à activer, tout va bien, nous allons marcher dur.»

Six heures allaient sonner; il fallait se mettre en route. Dans la cour de l'hôtel, Suberbie achevait de faire préparer les machines. En route!

Le temps est toujours magnifique, mais le vent a décidément tourné à l'ouest. Nous allons donc l'avoir dans le dos, chance suprême pour nous, mais qui, en permettant de prendre une forte avance sur notre tableau de marche, allait nous priver de la compagnie de quelques amis arrivés seulement après notre passage.

Nous partons poussés par le vent. Nous franchissons rapidement Longeville, Ligny, Boviolle, Reffroy, Naives-en-Bois.

Ici Willaume nous dit: «Je vais de l'avant sur Pagny, où je connais beaucoup l'instituteur de la commune, et où je vais lui annoncer votre arrivée.»

Nous sommes, en effet, dans le pays de mon compagnon. Nous arrivons à Pagny. Déjà Willaume est installé chez l'excellent homme chargé des jeunes âmes de la commune et ce brave des braves ne veut nous laisser partir; il faut avant tout goûter une truculente omelette au lard que la bonne vient de faire et donner notre avis sur le vin que nous trouvons tous trois à notre goût. Pendant cette petite scène les jeunes écoliers sont réunis en classe et nous les apercevons frétillants sur leurs bancs, chuchotant, se trémoussant. L'arrivée inopinée de ces bicyclistes, la réception qui leur est faite par l'instituteur, intrigue au plus haut point ces jeunes cervelles. Deux ou trois des plus malins de la bande, sous un prétexte inventé par leur malice, sortent de classe et passent successivement devant notre porte en jetant un coup d'œil dans la petite salle à manger où nous sommes installés. L'instituteur, en bon papa, les laisse faire. Il a bien raison. Ce sera un petit épisode de leur vie d'écolier, le passage des bicyclistes à Pagny, et si un jour ces lignes tombent sous les yeux de l'un d'eux, il racontera avec un plaisir toujours nouveau qu'il était là, lui, et qu'«les a vus,» les bicyclistes.

Sans trop tarder, nous reprenons la route. Nous arrivons à Lay, à onze kilomètres de Pagny, puis à Foug, nous roulons sur la route de plus en plus belle, toujours poussés par le vent d'ouest, quand tout à coup nous entendons la voix de Blanquies. Elle semble désespérée, sa voix; il crie, il tempête; il agite un de ses grands bras, ce qui est toujours chez lui le signe d'une émotion violente, gaie ou triste, peu importe.

—Ça y est, s'écrie-t-il, ça y est!

—Quoi, qu'avez-vous, mon garçon? qu'est-ce qui y est?

—Satanée histoire! Que le diable emporte la bicyclette! J'étais sûr que cette malechance allait tomber sur moi. Dieu, quelle invention de malheur!

—Ah çà! mais parlez, qu'est-ce qui vous arrive?

—Parler, parler, mais je ne fais que ça. Oh! c'est fini, maintenant, c'est désastreux, je vous le dis; j'en étais sûr, absolument sûr.

—Vous devenez dément, mon garçon; dites-nous, je vous en prie, quelle partie de votre individu vient de se détraquer?

—La partie de mon individu? Ah! oh! hi! vous êtes encore amusant, vous! La partie de mon individu, mais, c'est mon pneumatique qui est crevé. Puisque je vous dis que j'en étais sûr.

Pneumatique crevé! Diable! Voilà qui était sérieux. Un pneu qui crève, c'est une hélice qui se fausse; impossible d'avancer. Blanquies toujours hurlant, toujours tempêtant, poussait sur ses pédales tant qu'il pouvait, dans sa colère, mais c'était du temps perdu. On s'arrêta.

Heureusement, nous n'étions plus qu'à cinq kilomètres de Toul. Je dis à Blanquies:

—Mon ami, nous ne pouvons vous attendre, vous savez quelles sont nos conditions. J'ai un compagnon officiel, Willaume; vous, c'est différent; vous nous suivez en amateur, n'est-ce pas? Nous ne pouvons être retardés de votre fait sans compromettre notre expédition, et sans sortir de notre programme. Mais ne vous désolez pas. Nous allons nous avancer rapidement vers Toul, où un arrêt de quelques minutes vous permettra peut-être de nous rejoindre. Là, un marchand de vélocipèdes réparera le pneumatique, car je ne vous vois pas très bien le réparant vous-même.

A cette réflexion, Blanquies fit entendre un de ses rires prolongés qui cette fois semblait dire: «En effet, vous avez raison, moi réparant un pneu, ce serait bien le spectacle le plus désopilant que tous mes copains de Montmartre eussent jamais été appelés à contempler.»

Je continuai: «Si nous arrivons à Nancy avant vous et que votre pneumatique ne fonctionne pas, Suberbie, qui doit nous y attendre, s'occupera de vous, car vous savez qu'il traîne après lui tout un matériel de guerre.

»Enfin, si vous n'arrivez pas à arranger votre affaire, prenez le train, et rejoignez-nous plus loin, à Strasbourg par exemple.»

Blanquies, saisi d'une noble indignation, s'écrie: «Le train moi, jamais. Et mon Club qui me regarde? Mon Club, mon Club de Montmartre, que dirait-il?»

Il fallut se séparer. Je roulai avec Willaume vers Toul, avec trois quarts d'heure d'avance environ sur nos prévisions. Il était à peine dix heures du matin.

C'est à Toul que nous devions ressentir l'inconvénient d'une avance trop forte sur les heures auxquelles nous avions annoncé notre passage probable. Dans cette ville, en effet, nous devions être attendus par un jeune Parisien de nos amis, excellent cycliste, vainqueur de nombreuses courses, le jeune Marcellin qui faisait à ce moment son service militaire à Toul. Je me faisais une fête de le revoir dans ces circonstances; d'autant plus qu'il devait être pour nous un parfait entraîneur. Excellent garçon, à la physionomie ouverte et agréable, enjoué et fort intelligent, Marcellin devait être aussi pour nous d'une compagnie charmante.

Nous traversons la ville de Toul. Personne. Nous arrivons chez un marchand de vélocipèdes, station toute naturelle pour des cyclistes en train d'accomplir un grand voyage. On y était, en effet, au courant de notre expédition. A peine avons-nous fini d'expliquer l'aventure de notre compagnon Blanquies que déjà des cyclistes arrivent.

—Comment, mais vous êtes affreusement en avance! nous dit-on partout.

—Connaissez-vous Marcellin, demandai-je aussitôt; où est Marcellin?

—Mais Marcellin ne vous attend pas si tôt. Il est à la caserne. On va aller le prévenir.

Nous nous dirigeons vers un café tandis qu'on va prévenir Marcellin.

Dix minutes après, le jeune fantassin accourt. Il est tout souriant, mais il n'en peut revenir de la rapidité de notre marche.

—Bonjour, bonjour, les amis, mais vous allez comme des dératés. Quel malheur! Figurez-vous qu'au mess des sous-officiers on vous avait préparé une superbe réception, tout le monde vous attendait, car nous faisons tous de la bicyclette ici. Enfin le malheur n'est pas grand.

—Et vous venez avec nous, jusqu'où?

—Jusqu'à la frontière. Avec mon uniforme, je ne puis aller plus loin.

Pendant cette conversation, voici Blanquies. Il a roulé sur la jante, ce qui a fortement avarié le pneu; mais on le lui répare, tant bien que mal. Les nouveaux entraîneurs, Marcellin en tête, se mettent en selle, et la troupe entièrement reconstituée roule vers Nancy.

Parmi les nombreux entraîneurs, se trouvait le sergent-major Parison, fils du général de ce nom. Lui aussi portait l'uniforme.

La journée est magnifique, les cumulus nagent dans le ciel. Notre groupe se grossit bientôt de cyclistes arrivés de Nancy, MM. Blahay, Pierson, Rousseau. Marcellin marche en tête et mène un train rapide.

Nous avançons par moments à une allure de trente-deux kilomètres à l'heure. C'est beaucoup trop vite pour des hommes qui ont à accomplir chaque jour de formidables étapes. Mais nos aimables compagnons sont tout bouillants et, chaque fois que, sur ma demande, on ralentit l'allure, c'est pour repartir de plus belle quelques instants après. C'est une course échevelée, nous semblons un bataillon de poulains en liberté; nous pédalons débordants de gaieté, à la suite de Marcellin, vers la grande ville de Nancy. Un nouveau cycliste nous rejoint, M. Pierre, de Nancy. Mes prudentes recommandations ne servent de rien; on roule à grande vitesse; Willaume semble enragé. Ah! elle est loin l'indisposition de la veille. Les descentes, les côtes, la plaine, tout disparaît dans une nuée de poussière soulevée par l'escadron roulant.

Mais nous sentons les approches de la grande ville. Le terrain se bouleverse à vue d'œil; les fondrières apparaissent de tous côtés, et les sauts de carpe commencent, à mesure que se présentent les premières maisons d'un des faubourgs de Nancy. Comment retenir une troupe de cyclistes dans les circonstances où nous nous trouvions? Conduits par les «pilotes», nous roulons toujours très vite, tantôt sur l'accotement, tantôt sur la route devenue de plus en plus affreuse. Nous voltigeons par instants sur les cailloux pointus.

Nous entrons dans la ville, comme en pays conquis, et nous arrivons à l'*Hôtel de Paris*, où cette fois nous nous présentions «à l'heure où l'on mange.» Tout était prêt. Suberbie, le mentor, était à son poste.

Avant de me mettre à table toutefois, je demandai à aller prendre une douche. Willaume me suivit. Comme nous étions encore fort en avance sur notre tableau de marche, j'en profitai pour aller, après la douche, chez un coiffeur, afin de me faire rafraîchir l'épiderme de la face, précaution toujours bonne à prendre à l'occasion, si l'on ne veut, en raison surtout de la fatigue qui amaigrit toujours un peu le visage au cours d'une expédition aussi précipitée, avoir l'air de relever de maladie.

Quant à Blanquies, le malheureux avait eu encore à se débattre avec son pneumatique très mal réparé. Il avait dû ralentir sa marche durant le trajet de Toul à Nancy. Il allait arriver au moment du déjeuner.

A l'instant où je me présentai à nouveau devant l'*Hôtel de Paris*, voici les membres du *Véloce-Club nancéen*, conduits par leur président, qui se présentent et nous souhaitent la bienvenue dans leur ville. Ravissant, vraiment; partout un accueil chaleureux.

Le déjeuner se ressent de la gaieté générale. Tout le monde est en proie à un appétit féroce: Blanquies vient d'apparaître au moment psychologique et se dispose à exercer sur la cuisine de l'hôtel la plus éclatante vengeance.

A mesure qu'il plonge dans l'abîme tous les mets qui lui sont présentés, on l'entend articuler entre deux bouchées: «Moi, prendre le train, jamais. Que dirait le Club de Montmartre? Suberbie, il me faudrait une machine.»

Suberbie accepte de donner une machine, mais il faudra aller la chercher à la gare. Le malheureux Blanquies partira encore après nous. Mais il s'en moque; avec un bon pneu, il nous rejoindra.

Le déjeuner se termine dans la joie de la plus brillante journée. Là commençait, on peut le dire, cette marche superbe qui devait à la fin de cette seconde étape se terminer par le triomphe de Strasbourg, triomphe suivi, bientôt après, de tant de mésaventures inattendues.

V

UNE MARCHE TRIOMPHALE

J'ai dit plus haut que nous devions éprouver les inconvénients d'une trop forte avance sur notre tableau de marche, comme on l'a vu à Toul, où nous avions dû faire prévenir Marcellin, qui, nous attendant beaucoup plus tard, était resté naturellement à son quartier, tandis que nous arrivions, poussés par le vent arrière. Cette avance sur le temps prévu avait également été cause que nous étions entrés à Nancy, comme par surprise, je parle au point de vue de la population, généralement si friande des grandes épreuves vélocipédiques.

Nul curieux sur notre passage à notre entrée dans la ville. Personne ne nous attendait à une pareille heure. On nous en fit même des reproches, tant, en réalité, on se préoccupe peu du plus ou moins de vitesse d'un cycliste dans ce genre d'expédition. Ce qu'on veut voir c'est l'homme, dont on connaît le nom déjà, et qui, partant d'un point éloigné, arrive sur tel autre point à l'heure dite.

Mais si nul curieux ne s'était porté sur notre passage à notre arrivée, il ne devait pas en être de même au départ. Le temps de notre déjeuner avait suffi pour que la nouvelle du passage des cyclistes parisiens se répandît, et quand on se mit en selle, au sortir de l'hôtel, une haie s'était déjà formée des deux côtés de la rue. Comme j'en faisais la remarque à l'un de nos compagnons, ce dernier me répondit: «Oui, et nous partons même trop vite. On croit généralement que vous ne vous mettrez en route qu'à une heure et quart ou une heure et demie (or il n'était guère que midi quarante-cinq). Une demi-heure plus tard la foule eût été considérable sur votre passage.»

D'où peut venir cet empressement des populations de presque tous les pays vers les épreuves vélocipédiques, c'est ce que peuvent seuls expliquer, à mon avis, l'attrait de la nouveauté d'abord, et ensuite une très vive curiosité pour une machine qui permet d'accomplir ce que l'on croit être un tour de force et qui n'a que l'apparence du merveilleux. La seule chose merveilleuse en l'affaire, c'est la machine.

Par un bonheur qui ne devait pas, hélas! durer toujours, le ciel continuait à favoriser notre voyage. Le soleil rayonnait sans que la chaleur nous incommodât. Le nombre des cyclistes s'était encore accru. La route était toujours belle.

Quelques instants après avoir quitté la ville, je m'informai de Blanquies. Il n'était pas avec nous; il avait décidément la guigne, le brave. Ainsi qu'il avait été convenu durant le déjeuner, il devait prendre une nouvelle machine afin d'être débarrassé de la question de pneumatique; mais il avait fallu aller la chercher à la gare, ce qui avait pris un temps assez considérable et avait empêché notre compagnon de se trouver présent au départ de la troupe. On s'étonnera peut-être de ce manque de courtoisie à l'égard du plus joyeux et du plus excellent des camarades, mais cet étonnement ne se produira que chez le lecteur peu familiarisé avec le sport vélocipédique. Il avait été parfaitement entendu que Willaume seul était mon compagnon vraiment officiel, celui qui accomplissait avec moi ce que nous appelons dans le langage technique le «record» de Paris-Vienne. Tous les autres compagnons, quels qu'ils fussent, n'étaient que des «suivants» qui marchaient pour leur propre compte et sous leur propre direction. Je ne pus donc que regretter très vivement de voir encore le joyeux Blanquies séparé de nous, mais il fallait avancer d'autant plus vite que nous étions attendus à heure fixe à Strasbourg, où toute une population nous préparait une réception monstre.

Nous marchons vers Lunéville, situé à vingt-sept kilomètres de Nancy. Il est une heure de l'après-midi; des cyclistes nous arrivent de temps à autre isolément. Parmi eux se trouve M. Berntheisel, l'un des fonctionnaires provinciaux de l'Union vélocipédique de France. En cette qualité, M. Berntheisel s'était beaucoup occupé de notre voyage; il m'avait envoyé des renseignements sur l'itinéraire et, toujours en sa qualité de zélé fonctionnaire de l'une de nos deux grandes fédérations françaises, il se trouvait à son poste.

Nous faisons encore quelques kilomètres quand j'aperçois un jeune cycliste qui s'avance vers moi: il est revêtu de l'uniforme de fantassin; c'est le troisième, car Marcellin et le sergent-major Parison sont toujours avec nous. Il s'approche et me salue en me nommant. C'était encore un jeune coureur que j'avais vu maintes fois dans les Vélodromes de Paris et qui, lui aussi, faisait son service militaire; on l'appelait Fred et je ne l'ai jamais connu que sous ce nom.

—Comment! Comment! C'est vous, mon brave. Quelle surprise!

—Mais oui. Oh! j'y pense depuis assez longtemps à votre voyage, allez! On a si peu de distraction ici.

—Avez-vous le temps de monter beaucoup à bicyclette?

—Beaucoup, non, mais suffisamment cependant; les soldats cyclistes sont même très nombreux ici. Ah! on a parlé de votre passage, et beaucoup de vélocipédistes militaires seraient venus à votre rencontre s'ils l'avaient pu.

Notre troupe est maintenant devenue un escadron, magnifique d'allure et d'entrain. Les trois soldats français sont en tête, mais c'est le brillant Marcellin qui nous conduit à un train rapide; nous nous avançons en rangs serrés, comme un seul homme, vers Lunéville, où, cette fois, la population nous attend, car le bruit de notre arrivée s'y est déjà répandu.

Voici les premières maisons de Lunéville. L'allure splendide du bataillon roulant ne se ralentit pas. Nous entrons, comme des triomphateurs, l'acier de nos machines éclatant en millions de petites flammes blanches, et soulevant sur notre passage une épaisse poussière.

Partout la population est aux portes; on dirait un jour de fête; nous arrivons sur la place centrale de la ville; la foule est amassée devant une maison où, au-dessus de la porte d'entrée, flottent des drapeaux. C'est pour nous. Les rangs de la foule s'entrouvrent pour nous laisser passer. Willaume et moi, descendons de machine; on a préparé des rafraîchissements pour nous et nous buvons en portant la santé du cyclisme, de Lunéville, de tous les braves compagnons qui nous entourent, pendant qu'on signe nos livrets.

Nous remontons sur nos «chevaux.» Les rangs des curieux s'entrouvrent à nouveau, tandis que le bataillon se remet en mouvement, et de nouveau nous nous élançons à la suite de Marcellin, saluant cette sympathique population et cette ville souriante que nous venons de traverser comme dans un rayonnement de lumière.

Près de Lunéville, le bataillon s'était encore augmenté de deux nouveaux entraîneurs, dont, avant notre départ de Paris, on nous avait annoncé le précieux concours, MM. Patin et Châtel, deux Alsaciens-Lorrains, l'un de Metz, l'autre de Mulhouse, deux célèbres champions, vainqueurs de nombreuses courses de vitesse et même de fond.

On verra par la suite comme quoi l'un d'eux, Châtel, fut atteint par la mauvaise chance qui nous poursuivit dans la seconde partie de notre voyage avec un acharnement aussi intense que la bonne fortune dans la première partie; mauvaise chance qui faillit même coûter la vie à notre infortuné compagnon.

Parmi ceux qui cultivent la bicyclette, il n'en est pas un seul, j'en suis sûr, qui n'éprouve un sentiment d'émulation immédiat et des plus vifs, à la rencontre d'un autre cycliste pédalant sur une route dans le même sens que lui. Tous l'éprouvent, ce sentiment, et beaucoup y cèdent. L'enivrement produit par l'exercice de cette rapide locomotion illusionne au point que chacun se croit, en augmentant légèrement son effort, capable de donner une vitesse à laquelle le concurrent improvisé ne saurait résister.

Pour ma part, je l'ai ressentie, cette impression, comme bien on pense, mais le raisonnement d'abord, car enfin on ne saurait contester qu'une forte dose d'enfantillage entre dans ce désir de jouer à la course avec un étranger qui passe à bicyclette dans le même sens que vous, l'habitude des routes ensuite, ont peu à peu combattu chez moi ce sentiment d'émulation. En revanche, il est resté des plus violents quand l'adversaire improvisé, au lieu d'être un cycliste, est un cheval. Alors, je ne puis me combattre. Il faut partir.

Le trot d'un cheval derrière moi, impression singulière, agit directement sur mes nerfs. La prétention du monsieur qui, avec sa bête, veut me tenir tête, m'exaspère, et je m'élance en avant à toutes pédales.

Le magnifique escadron qui nous escortait au sortir de Lunéville venait à peine de faire un kilomètre. Nous allions toujours comme un rutilant bataillon carré, avançant en une masse compacte et à une allure superbe, Marcellin toujours en tête. Du rang que j'occupais, au centre de l'escorte, j'apercevais d'ailleurs le coup de pédale du jeune Parisien; telle était sa régularité, qu'on eût dit le mouvement automatique de la bielle dans une locomotive.

Soudain, le galop d'un cheval attelé à un cabriolet se fit entendre derrière nous. On n'y prêta pas grande attention tout d'abord, mais bientôt le bruit alla s'accentuant. Il était évident que le conducteur du cabriolet suivait la troupe avec l'intention de se faire ouvrir les rangs et de lui brûler la politesse en passant sous son nez. Du moins c'était l'avis commun d'après l'allure de l'animal.

Je ne sais exactement si telle était bien l'idée de «l'homme à la voiture»; c'est probable; mais quoi qu'il en soit, si ses intentions n'étaient point telles au moment où l'on entendit pour la première fois le galop de son cheval, elles le devinrent bientôt, car plusieurs des cyclistes qui nous accompagnaient ne tardèrent pas à se détacher du groupe pour se rapprocher du voiturier et lui lancer un défi. «Tu peux y aller, crièrent-ils, avec ta rossinante, nous t'attendons.»

Alors, la lutte se déclara. On entendit un clic! clac! énergique et l'animal commença un galop furieux.

Marcellin menait le train, je l'ai dit. Lui aussi, comme les autres, entendait le galop bruyant du cheval derrière nous; mais comme notre allure était rapide et d'une régularité de chronomètre, il dédaigna de forcer le train. «Continuons, dit-il, nous verrons bien.»

La phalange sacrée s'avançait, sans mot dire. J'en occupais toujours le centre, et je sentais mon épiderme me démanger fortement, car le bruit du galop augmentait. Le cabriolet gagnait du terrain. Je n'osais parler toutefois. «Laissons, pensais-je, Marcellin agir à sa guise.»

Nous marchions à vingt-six kilomètres à l'heure, mais le cheval approchait toujours. Le bruit grandissait d'une manière extrêmement sensible. Marcellin, d'une impassibilité de statue, n'avait pas modifié d'une ligne son allure. Il continuait à croire que ce train était suffisant pour «crever» l'adversaire.

Mais ce dernier, encouragé par ses progrès, avançait de plus en plus vite. De temps à autre un clic-clac nouveau donnait à l'animal un nouvel élan. Maintenant, le cabriolet n'était plus qu'à une trentaine de mètres. Il me semblait même entendre le souffle précipité du cheval derrière nous. J'étais énervé au dernier point. Mes jarrets me démangeaient. En somme, encore deux minutes, et le cabriolet était sur nous. Je ne comprenais rien à l'impassibilité de l'entraîneur en chef. Je me l'expliquai en me disant que Marcellin, occupant la tête du peloton, entendait moins bien que moi et que ceux qui étaient à mes côtés, le bruit de la voiture. Le cheval était à dix mètres. On eut dit un soufflet de forge. Le conducteur chantait victoire et commençait à lancer quelques quolibets aux cyclistes, en fouettant la bête pour achever son triomphe.

Alors je n'y tins plus. J'élevai la voix fortement, criant ces simples mots, qui indiquaient une volonté absolue et presque un ordre de ma part: «Marcellin, en avant, forcez le train.»

Comme si un simple déclanchement s'était produit dans l'organisme du brave, sans que rien dans son corps indiquât un effort quelconque, mécaniquement, il activa le mouvement de ses «bielles».

La masse compacte des cyclistes suivit et, brusquement, regagna du terrain.

Ce subit changement de position causa une désagréable surprise à notre concurrent. Il se voyait enlever la victoire au moment même où il croyait la tenir. Il devint enragé. Il frappa son cheval à tour de bras. La malheureuse bête, un instant ralentie, repartit à une allure folle. De nouveau l'attelage se rapprochait de nous.

Je ne me sentais plus. Le désir de la lutte à outrance devenait aigu. Je criai à Marcellin: «Allez, allez, activez le train.» Marcellin obéit.

A ce moment, le théâtre du combat se modifiait. Devant nous une côte apparut. Une fois encore je rompis le silence: «Allez, franchissez la côte sans ralentir, puis à toutes pédales à la descente.»

La tête de colonne obéissait toujours sans mot dire. Marcellin entreprit la côte à une allure de vingt-neuf à trente kilomètres à l'heure. Mais le train devint trop fort pour plusieurs de nos compagnons. Quelques-uns lâchèrent et furent dépassés par le cabriolet. C'était un commencement de défaite pour nous.

Un instant je craignis que l'adversaire ne se déclarât satisfait et ne s'attribuât la victoire; mais non, il voulait le triomphe complet: «Heup! heup! cria-t-il en assommant sa bête à coups de fouet.»

Mais nous gravissions la côte à l'allure, je l'ai dit, de près de trente kilomètres à l'heure.

C'était la fin. Le bruit du galop soudain diminua, puis, s'effaçant peu à peu, devint imperceptible. Je n'avais plus qu'à crier à Marcellin: «Ralentissez!» En un clin d'œil les retardataires nous avaient rejoints et nous rapportaient des nouvelles de notre victoire.

«C'est fini, dirent-ils, le cheval est fourbu. Il s'est arrêté, et refuse d'avancer.»

La victoire nous restait, avec un seul regret, celui d'avoir crevé le malheureux animal, que son maître avait voulu lancer dans une lutte évidemment impossible.

Le bataillon reconstitué avait repris sa marche en avant, quand un nouveau bruit se fit entendre.

—Ah çà! on veut donc notre mort? On est encore à notre poursuite!

Ce n'était plus un cabriolet mais toute une cavalerie qui cette fois arrivait à grande vitesse derrière nous.

Pour ma part, j'étais calmé par notre première victoire, puis je ne voyais nullement la nécessité de continuer ces luttes qui, tout bien considéré, ne nous menaient à rien et pouvaient à la fin nous briser les jambes.

—Ouvrez les rangs, dis-je à mes compagnons, et laissez passer les cavaliers.

Mais on me répondit aussitôt:«—Ce sont des officiers de Lunéville qui nous suivent et n'ont nullement l'intention de nous dépasser. Ils veulent voir marcher les recordmen, voilà tout.»

Dans ces conditions-là, c'est une autre affaire.

Et l'on continua, toujours avec un superbe entrain, la course vers la terre d'Alsace où tant d'émotions, tant d'acclamations, tant de triomphes devaient nous accueillir; mais je dois auparavant rapporter un petit incident que la rapidité de notre marche provoqua durant la traversée du village de Saint-Blaize, l'un des premiers rencontrés après Raon-l'Étape, dans le département des Vosges.

VI.

LA POULE DE SAINT-BLAIZE

Un fait assez curieux à noter, c'est combien se perpétuent dans quelques esprits certaines erreurs, de peu d'importance assurément, mais qu'il serait pourtant si facile de rectifier, et que malgré tout on néglige à cause précisément de leur peu d'importance. C'est ainsi notamment que des textes d'auteurs classiques, appris de mémoire durant l'enfance et plus ou moins estropiés, vous restent dans l'esprit tels que vous les avez toujours sus et récités, sans les comprendre, et ce n'est que plus tard que sous le coup d'une subite réflexion, vous vous apercevez que vous n'avez jamais récité qu'un non-sens.

A un âge un peu plus avancé, surtout chez les esprits quelque peu rêveurs, ce genre d'erreur se reproduit parfois. On se fait tout d'abord une idée sur une chose, puis comme ladite chose tient d'ailleurs peu de place dans vos préoccupations, et que vous avez l'esprit enclin à une distraction perpétuelle, cette idée s'infiltre dans votre cerveau, s'y installe, et devient à la fin une conviction jusqu'au jour où à votre grande stupéfaction, vous constatez toute l'étendue de votre erreur.

C'est ce qui m'arriva, lorsque la troupe joyeuse fit son entrée dans la ville de Raon-l'Étape. Grande fut ma surprise quand une fois dans Raon-l'Étape, on m'apprit que la frontière était à environ 25 ou 30 kilomètres plus loin. J'avais vécu longtemps avec la plus absolue conviction que Raon-l'Étape touchait à la frontière allemande, comme Hendaye touche à la frontière espagnole, ignorance qui doit paraître singulière, et qu'il peut sembler plus singulier encore de signaler ici; mais pourquoi passer sous silence un fait d'une rigoureuse exactitude? Une vérité dans l'ordre psychologique est toujours bonne à constater, d'autant plus que cette vérité n'étant précisément que la constatation d'une erreur, c'est un excellent moyen de rectifier ladite erreur pour l'avenir.

Au cours de la traversée de Raon, on s'arrêta quelques minutes. La poussière de la route, la lutte improvisée survenue après Lunéville, avaient assoiffé les gosiers de toute la troupe. Willaume se déridait. Plusieurs fois il déclara que sa santé n'avait jamais été aussi florissante. On regretta l'absence de Blanquies. Il nous eût, en la circonstance, diverti par son absorption à dose formidable des divers liquides auxquels tout le monde fit honneur. On se remit en route toujours pleins d'entrain, malgré un commencement de fatigue chez plusieurs d'entre nous. Cette partie du chemin fut signalée par un accident heureusement sans gravité, mais non sans une fâcheuse conséquence pour l'entraîneur qui en fut victime. Un chien, un maudit chien, se jeta dans nos rangs et provoqua la chute de Patin. Ce dernier se releva sans blessure, mais bientôt après il devait s'apercevoir de la perte de son chronomètre, un fort beau bijou qu'il ne fallait pas espérer retrouver, la chute s'étant produite au milieu d'un bourg assez populeux; Patin n'y songea même pas.

On arrivait au village de Saint-Blaise, village de deux cents et quelques habitants. Durant la traversée du village, la route est en pente rapide; on marcha donc à grande allure.

Parmi les nombreuses remarques que l'habitude de la route a provoquées dans l'esprit d'un cycliste, il en est une fort curieuse relative à l'impression produite par la bicyclette sur les animaux domestiques, et surtout aux conséquences de cette impression. Les chevaux ont peur, je parle bien entendu des animaux non accoutumés à la vue de notre outil fin-de-siècle, mais cette peur chez la race chevaline est modérée et provoque rarement des facéties désordonnées. Les chiens, eux, deviennent enragés! Ce sont les plus grands ennemis des cyclistes, ainsi du reste qu'on vient de le voir. La plupart d'entre eux s'acharnent au point de devenir absolument dangereux.

A la campagne, les troupeaux de bœufs ou de moutons manifestent en général la plus solennelle indifférence.

Reste une autre catégorie d'animaux dont la manière de manifester sa violente émotion à la vue d'une bicyclette est extraordinairement curieuse, catégorie essentiellement campagnarde: je veux parler des poules. C'est probablement la conséquence de leur optique particulière, résultant de la position de l'œil. Quand on rencontre une poule sur une grande route, au lieu de fuir, l'animal se précipite au-devant du danger. S'il est à droite du cycliste, par exemple, l'animal fuira en avant, mais pour traverser bientôt la route devant la machine et passer ensuite sur la gauche. Une fois dans cette position, si la poule infortunée aperçoit de nouveau la machine, elle exécute le même mouvement, en sens inverse. On juge du nombre des pauvres volailles qui ont dû être les victimes innocentes du cyclisme.

Au moment donc où s'opéra à grande vitesse la traversée du village de Saint-Blaize, soudain, j'entendis des cris aigus, tandis que le désordre se mettait dans les rangs, et que plusieurs de nos compagnons s'arrêtaient et mettaient pied à terre.

J'étais tout à fait au dernier rang et avant même que j'aie eu besoin de m'informer de ce qui se passait, j'étais renseigné sur les causes du tumulte: au milieu du cercle qu'en un clin d'œil tous mes compagnons avaient formé, une poule gisait lamentablement. Pas de doute sur son état, elle était morte, tragiquement morte, écrasée horriblement par l'un de nous.

Mais elle devait avoir, la poule de Saint-Blaize, une bruyante oraison funèbre. A peine le cercle était-il formé qu'un paysan et sa femme y entrèrent. C'étaient les propriétaires de la victime. Le paysan était légèrement courbé et secouait sa tête en proie à la plus violente émotion. Il voulait parler, mais la colère lui était montée à la gorge et il balbutiait, de sorte que la tête du brave homme continuant à suivre le mouvement que ses sentiments provoquaient, il ressemblait à ces poupées mécaniques entrevues aux devantures de certains bazars.

La paysanne, elle, avait la tête toute droite et la face écarlate. De plus elle était dans une position intéressante, ce qui rejetait son buste en arrière, et avait profité de l'ampleur de ses hanches pour y poser ses mains. Elle ressemblait à une des Gorgones en furie.

Ah! elle ne balbutiait pas, la paysanne. Elle n'avait pas la langue dans une boîte, ni la gorge obstruée.

—Vous la payerez ma poule, s'écria-t-elle au milieu des trente gaillards en contemplation devant ce spectacle singulier. Oui, vous la payerez. En voilà des chenapans, des propres à rien; mais oui, vous la payerez, c'est moi qui vous le dis.

Un de nous ayant hasardé une timide observation relativement à la possibilité de mettre le soir même l'animal à la broche, ce qui était pour les paysans lésés une manière de tirer dans une certaine mesure parti de l'accident, la Gorgone redoubla de violence.

—La mettre à la broche, la mettre à la broche! Ah! les insolents! Ah! les bandits, s'écria-t-elle exaspérée. Elle n'est plus bonne à rien, la poule, et moi je dis que vous la payerez. Ça ne sait que faire, ces vauriens-là, et ça rôde sur les routes.

Le paysan continuait à faire tremblotter sa tête, mouvement qui, en présence des invectives de la paysanne, semblait un acquiescement pur et simple.

Quand on songeait aux moyens de contrainte dont ces pauvres gens disposaient en présence de trente prétendus chenapans, ces violentes apostrophes de la femme étaient du plus haut comique.

Mais voici, par exemple, qui acheva de me divertir:

Nous étions donc tous en cercle, écoutant l'effroyable torrent de paroles sortant de la bouche de la paysanne. Mais il fallait que cette séance eût une fin, et déjà plusieurs d'entre nous faisaient un mouvement annonçant qu'ils se disposaient à remonter sur leurs machines. La furie, comprenant que tout espoir de recouvrer le prix de sa poule était à jamais perdu, se pencha lentement en continuant à vociférer et se saisit du corps de la pauvre bête.

Or, devinerait-on bien ce qu'en enlevant la poule, la paysanne découvrit? Un jaune d'œuf.

L'infortunée volatile avait pondu, dans l'épouvantable émotion que lui avait causée l'arrivée de la machine sur elle.

On juge si cette singulière apparition, en augmentant la fureur de la femme, redoubla l'hilarité de la troupe. Nous étions dans la frénésie du rire quand, enfourchant les machines, la troupe joyeuse s'éloigna du village de Saint-Blaize.

VII

LE SALUT DE L'ALSACE-LORRAINE

Le chemin parcouru du village de Saint-Blaize à la première rampe des Vosges vit disparaître un à un la plupart de nos compagnons de route. Nous restaient encore ceux qui avaient résolu de pousser jusqu'à Strasbourg, nos deux entraîneurs officiels Châtel et Patin, enfin Marcellin et ses camarades militaires qui eussent bien voulu venir jusqu'à Strasbourg, eux aussi, mais à qui leur uniforme interdisait une pareille expédition.

Maintenant les Vosges commençaient. La chaleur était forte; toutefois on entreprit la côte à bicyclette. Willaume marchait en avant conduit par Marcellin. Il était toujours dans un état de santé parfaite. L'indisposition du début semblait décidément avoir opéré plutôt une révolution bienfaisante en son organisme.

A mesure que nous avancions, la côte s'accentuait, mais le paysage, en se développant de plus en plus, allait en s'embellissant. La végétation s'épaississait autour de nous et au loin les sommets se dégageaient, environnés de massifs d'un vert sombre.

Comme toujours, dans les côtes de plusieurs kilomètres gravissant des montagnes, la pente se déroule en lacets, qui nous paraissaient ici d'autant plus nombreux et interminables, que la fatigue commençait à se faire sérieusement sentir, et que nous savions être attendus au sommet de la montagne où se trouve la ligne frontière séparant l'Allemagne de la France.

A plusieurs reprises j'ai eu l'occasion d'annoncer les réceptions qui nous attendaient à notre arrivée en Alsace-Lorraine. Ces réceptions, nous en étions informés par avance, et il est juste de dire ici pourquoi.

Dès la nouvelle de notre voyage à Vienne, un journal cycliste qui s'est fondé à Mulhouse et dont le succès est allé grandissant depuis sa fondation, le *Vélo-Sport d'Alsace-Lorraine*, avait résolu de fêter le passage des deux voyageurs parisiens à Strasbourg et sur la terre d'Alsace, afin d'affirmer hautement l'internationalisme du sport, et aussi pour montrer une fois de plus la solidarité intime qui unit tous les cyclistes, solidarité dont j'ai déjà cité un magnifique exemple dans la réception de Vitry. Naturellement la direction du *Vélo-Sport* se mit en correspondance avec moi à ce sujet et, dans son journal, organisa une active propagande en vue de donner le plus d'éclat possible à cette manifestation sportive et cycliste. Les adhésions ne tardèrent pas à affluer au journal et on put juger bientôt ce que serait la manifestation de Strasbourg, au passage des Parisiens, si, en outre, on se rend compte des sentiments encore sympathiques à la France qui sont restés vivaces au fond de bien des cœurs alsaciens, et qui devaient profiter de cette occasion pour se manifester.

Voici d'ailleurs le programme fort simple qui avait été tracé par avance: réception des voyageurs par une délégation sur la ligne frontière; nouvelle réception en avant de Strasbourg par les cyclistes alsaciens-lorrains; enfin, à Strasbourg, banquet à l'*hôtel de la Couronne*.

Inutile de faire observer à propos du banquet que tout en l'acceptant, j'avais sollicité la faveur de n'y faire qu'une courte apparition, en raison de l'état de fatigue où nous serions fatalement, et de l'heure tardive à laquelle nous nous verrions forcés de nous y présenter, notre premier soin en arrivant à notre hôtel devant être de nous reconstituer le moral et le physique par une de ces séances hydrothérapiques inventées par la civilisation pour remettre sur pied les organismes détraqués par le surmenage à outrance.

Voilà donc pourquoi la montée des Vosges nous paraissait longue, d'une longueur démesurée. Nous avions hâte d'arriver au sommet où devaient commencer pour nous tant de scènes émotionnantes.

Châtel et Patin marchaient à mes côtés. De temps à autre ils m'excitaient de la voix, car je manifestais une fatigue de plus en plus grande. Patin avait déjà fait cette route dans la course Lunéville-Strasbourg, course restée célèbre dans la région et qu'il avait, du reste, gagnée. Soit que les souvenirs ne fussent pas bien présents à sa mémoire, soit dans le but de me faire passer le temps en me trompant, il me dit à plusieurs reprises: «Nous arrivons. Encore quelques centaines de mètres et nous y sommes.»

Mais les lacets se déroulaient toujours. D'autres tournants nous apparaissaient sans cesse. Alors je marchai à pied; la côte était très dure par endroits. Oh! nous étions loin encore. D'ailleurs je savais que la côte avait plusieurs kilomètres, une dizaine peut-être.

Voici un tournant. Châtel ne manque pas de donner son avertissement. «Nous y sommes, dit-il, vous allez apercevoir la ligne frontière.» Mais le tournant passé, une nouvelle et longue échappée de route se développe à nos yeux, toujours terminée en spirale.

Décidément, c'est trop long. Il faut remonter sur nos machines, on ira plus vite, malgré la raideur de la pente. On remonte. Châtel et Patin, les deux vigoureux champions, continuent à m'exciter de la voix, mais je commence à faire des efforts mal récompensés, car je n'avance qu'avec une désespérante lenteur. De temps à autre, je demande à m'arrêter pour me reposer d'abord, puis pour pouvoir, un instant, admirer le paysage, dont l'horizon s'éloigne à mesure que notre ascension s'accomplit; maintenant c'est un panorama d'une étendue immense embrassant une partie des départements des Vosges et de Meurthe-et-Moselle, campagne populeuse où il semble que les habitations ont été semées partout au milieu d'un amas de végétation, l'ensemble zébré de routes blanches.

Voici un nouveau tournant. «Cette fois nous arrivons,» déclare Châtel. Erreur complète. Le tournant est passé et la côte continue. Mais la frontière approche, car voici deux douaniers français qui sont au courant de notre passage, mais qui, apercevant les uniformes, nous disent: «Messieurs les militaires peuvent aller encore quelques instants, mais nous leur recommandons de ne pas aller trop avant; vous allez arriver à la frontière.»

C'est entendu. Nous poursuivons notre marche. Après cinq cents mètres, Châtel dit que le moment de s'arrêter est venu pour nos braves camarades.

«Oui, oui, déclarai-je, allons, il faut se séparer; diable, il serait fâcheux que notre voyage de Paris-Vienne fût l'occasion d'un incident de frontière et donnât lieu à des difficultés diplomatiques; tel ne serait pas le but de notre expédition essentiellement internationaliste.»

Je tendis la main à notre cher Marcellin, en le remerciant du précieux concours qu'il nous avait apporté; on dit également un adieu cordial à ses camarades, et ils s'éloignèrent. Un instant je les regardai descendre la côte, retournant vers la France, non sans une violente émotion que seules les circonstances où je me trouvais purent effacer assez vite, car les idées se pressaient tumultueuses dans ma cervelle.

On montait toujours; la végétation s'épaississait à vue d'œil, les lacets devenaient plus courts, on arrivait; mais en raison même de ces virages multipliés, aucun être vivant n'apparaissait à nos regards, tant était peu étendu l'horizon que nous avions devant nous.

Encore un tournant. Cette fois, Châtel est plus catégorique. «C'est le dernier, nous dit-il; une fois ce tournant franchi, nous sommes au sommet.»

Maintenant c'était sûr. En effet, en face de nous, derrière l'épais rideau d'arbres, le ciel montrait des échancrures bleues. Nous arrivions à la crête des Vosges.

L'apparition fut extrêmement brusque, par suite de la brièveté de la courbe: le dernier «virage» venait d'être passé, quand, au sommet du dernier raidillon, à une cinquantaine de mètres à peine, comme si un rideau venait de s'entr'ouvrir, un peloton de cyclistes, formant la haie, en travers de la route, à l'emplacement même où passe la ligne frontière, se dressa devant nos yeux. Ils étaient là, muets et immobiles, l'arme au pied. Ils n'avaient pas à s'avancer vers nous. Ils se trouvaient là sur le sol de l'Alsace, et ne voulaient pas que la semelle de leurs souliers touchât la terre de France. Leur cœur sans doute eût battu à se rompre, et comme le prisonnier au seuil de son cachot, ils regardaient la patrie de leurs rêves, sans oser y pénétrer, se disant que le jour de leur délivrance n'avait pas sonné encore, et que la chaîne paraît moins dure quand on conserve son étreinte, que lorsqu'on la brise pour quelques instants.

Ces réflexions pourront causer quelque étonnement, après ce que j'ai dit sur le caractère exclusivement international de notre manifestation, ce qui pouvait laisser supposer que des cyclistes allemands se trouvaient devant nous au moment de notre arrivée sur le seuil de l'Alsace; mais on pardonnera à un Français l'expression de ces sentiments, quand surtout on saura que par une attention bien naturelle et tout à fait significative, la délégation n'avait été composée que d'Alsaciens, ce dont j'avais été informé.

A peine arrivés en présence des membres de la délégation, la ligne fut rompue, et au milieu des acclamations, le président me remit un bouquet magnifique, attaché de deux rubans blanc et rouge, sur lesquels ces mots étaient écrits: Le *Vélo-Sport d'Alsace-Lorraine* à Édouard de Perrodil.

Quelle intensité d'émotion doit-on supposer chez celui que des circonstances singulières ont conduit ainsi à être l'objet d'une manifestation bien peu en rapport avec ses mérites, et combien j'en étonnerai peu en disant que je ne fus capable que de quelques mots de remerciements balbutiés d'une voix troublée! D'ailleurs, devions-nous oublier que nous faisions un voyage à grande vitesse et que nous étions toujours attendus plus loin?

Une sorte de taverne moitié française moitié allemande se trouvait là, sur le point frontière. On y entra bruyamment pour fêter par une large rasade la bienheureuse rencontre et, une fois encore reconstitués en brillant escadron, on partit rapidement, lancés à toute vitesse sur le versant alsacien des Vosges.

La route était encore magnifique. Quant à la douane allemande, ni vue ni connue. Circonstance qui s'explique, je dois le dire, par ce fait que la seule marchandise que nous transportions avec nous, la bicyclette, celle du moins qui est en cours d'usage, ne paye aucun droit d'entrée en Allemagne.

Les ramifications des Vosges nous apparaissaient du côté de l'Allemagne maintenant. Elles se détachaient plus nombreuses de la chaîne principale, et formaient des vallées qu'on devinait plutôt, par suite de la configuration générale du pays. On roulait à toutes pédales, avec d'autant plus d'entrain que l'heure s'avançait et que nos estomacs criaient famine. A mesure que l'on dégringolait dans la vallée, le jour baissait rapidement au point que la nuit était à peu près tombée quand, virant sur la gauche, on longea le pied de la montagne.

On arriva à Schirmeck pour se mettre à table. C'était notre première station hors de France. Il était huit heures du soir environ. Ma fatigue était extrême.

Mais j'étais pressé d'arriver à Strasbourg et je recommandai à la patronne de bien activer le service: «Nous sommes pressés, lui dis-je, allons, faites-nous servir. Vous voyez, nous sommes tous en présence de sérieux apéritifs. Quand nous aurons fini d'envoyer par devers nos estomacs ces liqueurs qui n'ont rien de bienfaisant, nous nous mettrons à table. Pas une minute à perdre. Servez-nous ce qui est prêt, le reste nous est égal.» Pourquoi des apéritifs dans une circonstance où nous n'avions guère besoin d'un pareil élixir pour faire hurler nos muqueuses? Je ne sais, mais comment attendre dans un café, grand ou petit, élégant ou modeste, sans avoir devant soi un garçon qui vous demande: «Que faut-il vous servir? Qu'est-ce que monsieur désire prendre?»

Pendant que nous sommes là attablés, moi plongé dans un fauteuil qu'on m'avait fait l'extrême honneur de «m'avancer», Willaume assis à ma droite, une scène quasi muette se déroule. Nous n'avions point vu encore d'uniforme prussien; soudain, pendant que nous conversons ainsi, en proie à la joie de ce repos momentané, deux gendarmes prussiens entrent dans le café-restaurant et passent près de nous; ils portent naturellement le légendaire casque à pointe.

Pour moi, je ne les ai pas tout d'abord aperçus, car je me trouve placé à l'extrémité d'une table, le dossier de mon fauteuil tourné vers la salle du café, moi regardant le mur. Mais Willaume les a vus, et il me pousse du coude, sans mot dire. J'aperçois les gendarmes et presque aussitôt je reporte mes regards sur la physionomie de mon brave compagnon. Je la vois absolument décomposée.

J'avoue que la vue des gendarmes ne m'avait causé qu'une émotion légère et, au premier abord, je ne saisis pas bien le bouleversement auquel semble en proie mon jeune camarade; mais je me rends compte bien vite de l'impression vive qu'il doit ressentir quand je me souviens quel est son pays de naissance, et que ce pays a vu toutes les horreurs de l'invasion. Alors, je me contente, toujours sans prononcer une parole, de hausser les épaules, en ayant l'air de dire: «Oh! ma foi, nous en verrons bien d'autres.»

Mais un de nos compagnons alsaciens a vu en son entier la scène qui vient de se dérouler, il a vu l'émotion violente peinte subitement sur le visage de Willaume; alors, sur un ton qui m'alla jusqu'au fond de l'âme, ce brave garçon, qui a dû les ressentir, lui aussi, ces émotions-là, mais dont les sensations se sont émoussées par une longue habitude, s'adressant à mon compagnon, lui dit: «N'y faites pas attention, monsieur Willaume, ne les regardez pas.»

Le dîner était servi. Il fut plein d'entrain, comme toujours; car si Willaume et moi ressentions un énervement causé par la fatigue jointe à nos vives émotions, il n'en était pas de même de nos joyeux compagnons. Même l'un d'eux, au dessert, constatant la présence d'un piano, se mit à exécuter de brillantes sérénades, ce qui acheva de porter la réunion à son maximum de gaieté.

Je regrettai une fois de plus l'absence de l'excellent Blanquies, me demandant ce qu'il avait pu devenir.

«Je suis vraiment surpris, déclarai-je, qu'il ne nous ai pas rejoints. Pourtant nous avons fait ici une halte sérieuse. Peut-être se sera-t-il décidé à prendre le train, malgré la déplorable opinion que cette fâcheuse conjoncture aura pu donner de son endurance à ses amis du Club montmartrois. Nous verrons bien. Pourvu qu'il ne lui soit pas arrivé de nouvelle anicroche, seul, sur la route, par la nuit épaisse! Il y a des gens qui ont une telle guigne!»

Ces réflexions faites, on se remet en selle. Le centre principal avant d'arriver à Strasbourg était la ville de Mutzig.

La nuit est noire, comme de l'encre, naturellement. Comme au sortir de Vitry-le-François, j'essaye de suivre pas à pas un compagnon muni de lanterne, mais la marche ne m'en est pas moins très pénible, à cause de ma vue déplorable, d'autant plus que la route devient de plus en plus houleuse. Hélas! combien elle était belle encore auprès de celles qui nous attendaient dans la Bavière.

De temps à autre le peloton se disloque, mais on se concentre vite, car on tient à arriver en groupe. Nous approchons de Mutzig.

A ce moment, je ne songeais qu'à Strasbourg. C'était là que tout le monde nous attendait; là, ou du moins à quelques kilomètres en avant de la ville. C'est l'idée que j'avais alors dans l'esprit et quand un de mes compagnons me dit: «Encore quelques instants et nous sommes à Mutzig,» je ne pris cet avis que comme un simple renseignement destiné à me faire savoir d'une manière précise à quelle distance nous étions de Strasbourg.

Aussi on doit juger de ma stupéfaction quand, arrivant au centre de la petite ville, le spectacle que je vais dire frappa mes regards.

Une foule considérable se pressait sur la place, puis au centre, au milieu de la population formant un vaste cercle, un bataillon magnifique de cinquante, soixante, quatre-vingts cyclistes, je ne sais, attendaient, avec, suspendus à leurs guidons, des ballons lumineux, couleur orange. La réunion de ces ballons tremblotants en une masse compacte formait un foyer scintillant qui illuminait l'atmosphère. Je prie de croire que la scène d'arrivée ne fut pas longue. A peine au centre de la place, à peine noyé dans ce flot de cyclistes, je fus pris, enlevé, et porté vers une salle étincelante de lumière et où s'était entassée une foule énorme. Le changement fut tellement rapide, toute cette scène d'arrivée dans Mutzig fut tellement brusque, que mes yeux faits à l'obscurité furent éblouis et que je restai quelques secondes à recouvrer mes sens. Sur une table, des verres à champagne étaient rangés. Après un instant, dès que le silence fut établi, le président du Club de Mutzig, car c'était lui qui avait organisé cette superbe réception, prit la parole et souhaita la bienvenue aux deux voyageurs.

A la table sur laquelle les verres à champagne étaient rangés, un sous-officier prussien était installé. Il regardait, impassible, mais l'air plutôt sympathique, cette scène.

Le président du Club, terminant son allocution, s'écria: «Vive Perrodil! vive Willaume! vivent les cyclistes français!...»

D'après le ton de la voix, il était facile de comprendre qu'un dernier vivat allait venir, et, pour tous ceux qui avaient le regard fixé sur le visage de l'orateur on pouvait se rendre parfaitement compte de ce que ce vivat allait être; mais au moment même où le président achevait les mots «cyclistes français» et commençait un nouveau vive... le mot suivant s'étouffa dans sa gorge, car son regard avait rencontré celui du sous-officier prussien.

D'ailleurs, tout cela s'exécuta avec une très grande promptitude et les applaudissements frénétiques de l'assistance vinrent tirer tout de suite l'orateur de l'embarras qui eût pu naître pour lui de cette scène rapide.

Après quelques mots de remerciements pour mon compagnon et pour moi, le champagne coula à flots, tellement à flots que j'en fis l'observation à une des personnes qui se tenaient à mes côtés. Cette personne me répondit que les dernières bouteilles apportées constituaient la tournée du sous-officier qui, lui aussi, avait voulu souhaiter la bienvenue aux cyclistes français. En signe de remerciement, je lui fis un salut significatif, à lui spécialement adressé. Une politesse en valait bien une autre.

Nous voici de nouveau sur nos machines, mais cette fois ce n'est plus un peloton, ce n'est plus même un escadron, c'est une armée en marche, une armée étincelante de mille feux aux reflets orange, qui roule tantôt silencieuse, tantôt bruyante dans la nuit tranquille, sous le ciel faiblement éclairé de lueurs sidérales.

La route est de plus en plus houleuse, ce sont parfois des sauts inattendus qui me causent les plus grandes craintes à cause de notre nombre. Quelle salade, si des chutes venaient à se produire!

De temps à autre, assez énervé par ces événements aussi émotionnants que précipités, et par la fatigue de cette nouvelle journée de marche, je ne cesse de m'inquiéter, je ne sais vraiment pourquoi, de mon compagnon et, à plusieurs reprises, je crie: «Willaume, vous êtes là?»

Avec la régularité d'un instrument de précision, Willaume me répond du milieu d'un groupe derrière moi: «Oui, je suis là, ne vous inquiétez pas. Tout va bien.»

Nous sommes encore à plus de dix kilomètres de notre but quand une vaste lueur apparaît sur notre gauche à l'horizon. C'est la ville de Strasbourg. La lueur augmente d'intensité rapidement à mesure que nous avançons, mais combien les instants paraissent d'une longueur démesurée dans de pareilles circonstances! La route me semble d'autant plus interminable, que je marche avec difficulté à cause de ma vue, toujours, de l'état de la voie, du nombre des compagnons qui nous entourent, enfin de mon impatience d'arriver. Suivant l'habitude un cycliste annonce les kilomètres, mais comme il le fait par à peu près, le temps ne nous paraît que plus long. Enfin, nous voici aux approches d'un faubourg. Décrire l'aspect des lieux, c'est impossible, car si la route est éclairée par les ballons orange de mes compagnons, les objets échappent complètement à ma vue. Puis je ne me préoccupe de rien, maintenant, je me laisse conduire.

Un de mes voisins vient d'annoncer: «voici Strasbourg». Je regarde fort en avant de notre armée, c'est le coup de théâtre de Mutzig qui recommence, mais cette fois moins inattendu, et moins précipité. Massés à droite de la route, d'autres à gauche, puis disséminés un peu partout, des ballons orange annoncent la présence d'une nouvelle armée. Çà et là, dans la nuit rendue plus épaisse à la vue par le contraste, les curieux se pressent. Il faut marcher avec une très grande lenteur. La rencontre des deux armées cyclistes se produit et c'est alors un énorme remous de machines, de cyclistes, de lanternes tremblotantes. On pousse des acclamations, mais qui donc doit m'apercevoir dans cette masse roulante! Un instant je suis saisi, on arrête ma bicyclette: c'est Châtel et Patin qui sont toujours à mes côtés et qui me font descendre une seconde afin de pouvoir paraître dans le groupe principal où se trouve Suberbie et qui attend d'avoir constaté ma présence et celle de Willaume afin de se remettre en marche.

Là, avec la rapidité de l'éclair, je reconnais une physionomie qui ne m'était pas inconnue. Je fais un geste de reconnaissance et je repars après avoir serré toutes les mains tendues, en me disant: «Il a été fidèle au poste, le petit gaillard!» C'était Chalupa, le brave Chalupa, le jeune Tchèque, dont j'ai parlé au début de ce récit, celui qui était venu au *Petit Journal* se proposer comme compagnon de route et interprète et à qui j'avais dit: «Allez nous attendre à Strasbourg, vous partirez de là, le trajet complet me paraissant bien long pour vous.»

On repart. Les deux armées n'en formant plus qu'une seule, mais vraiment magnifique, entrent dans Strasbourg. Il est onze heures du soir. Je suis noyé au milieu de cette immense escorte triomphale, et la ville, à cette heure avancée, disparaît à ma vue. Je n'entends que des acclamations, toujours des vivats ou des bruits de machines; à mes regards n'apparaît que la nuée perpétuellement tremblotante des ballons orange qui zigzaguent dans la nuit comme des serpentins. Il en vient de partout. Comme le but vers lequel nous tendons n'est pas bien déterminé, car d'une part on nous attend à l'*hôtel de la Couronne* où le banquet est préparé, et d'autre part nous voudrions prendre quelques secondes de repos à l'*hôtel d'Angleterre* où des chambres nous ont été préparées, les cyclistes de tête, ne sachant par quel chemin exact se diriger, se trompent, reviennent sur leurs pas, et de nouveaux remous se produisent. Les ballons lumineux s'entre-croisent dans une sarabande magnifique. C'est une danse échevelée de feux follets que reflètent les aciers des machines, dans un enchevêtrement sans fin.

Enfin, on s'est décidé pour l'hôtel d'Angleterre. Nous y arrivons. A peine descendus de machine, nous sommes, Willaume et moi, enlevés, et, en un clin d'œil, emportés dans une chambre, où entourés seulement de Suberbie, Châtel et Patin, nous pouvons enfin recouvrer nos sens, légèrement troublés par cette entrée digne de Marcellus, l'illustre triomphateur romain.

Notre séjour dans la chambre d'hôtel ne fut pas long. Après quelques minutes on annonça que la salle d'hydrothérapie était préparée. On s'y porta en bloc, Suberbie, Patin, Châtel, Willaume et moi, car nous étions pour l'instant les cinq compères de cette brillante aventure. En quelques secondes mon compagnon et moi avions débarrassé nos personnes de nos vêtements respectifs, et comme les baignoires étaient à l'état d'unité, force nous fut bien de nous caser face à face dans l'unique récipient que nous avions à notre disposition. Châtel et Patin, tous deux fatigués aussi, et désireux de plonger à leur tour leurs membres dans l'onde tiède de la baignoire, s'étaient allégés de leur vêtement, circonstance qui loin de nous surprendre, dans une conjoncture aussi exceptionnelle, jetait une note des plus comiques et faisait penser malgré soi à l'état primitif de l'espèce humaine quand, sortie depuis peu des mains du Créateur, cette espèce faisait bon ménage avec les différentes variétés animales.

Je venais de quitter la baignoire quand je fus saisi par Châtel qui, armé d'un gant de crin et soucieux de remplir d'une façon consciencieuse sa fonction d'entraîneur, me fit subir une de ces frictions tellement énergique que je poussai un hurlement de douleur.

—Ça va bien, ça va bien, s'écria-t-il, c'est ce qu'il faut. Tournez-vous.

—Assez! assez! m'écriai-je, vous voulez me faire passer à l'état d'anguille qu'on écorche. Par tous les diables des régions infernales, vous n'avez pas froid aux yeux, vous. On voit bien que vous ne sentez pas votre satané outil sur votre épiderme.

—Ça va bien, ça va bien, criait l'enragé.

—Comment! ça va bien, mais vous voulez me rendre fou!

J'en étais d'un rouge écrevisse. Willaume s'était déridé; il commençait à faire entendre un rire prolongé, mais que retenait cependant un peu l'idée qu'il allait recevoir la même raclée à travers l'échine.

Pourtant il la supporta gaillardement. Toujours patient, Willaume. C'est à croire qu'on eût pu lui arracher successivement tous les cheveux qui ornaient son crâne, sans lui soutirer une plainte.

Châtel et Patin se rencontrèrent face à face, eux aussi, dans la baignoire, après nous, tant il est dans la vie sportive et aventureuse des circonstances où trop de délicatesse serait mal à sa place.

Cette «réfection» extérieure opérée, on se dirigea vers la salle du banquet, où devait s'opérer pour nous une légère réfection intérieure, car j'avais demandé, on s'en souvient, de ne paraître là que quelques instants.

Au moment de sortir de l'hôtel d'Angleterre, je reçus une nouvelle délégation qui me présenta un bouquet superbe, orné comme la première fois de deux rubans blanc et rouge. Je ne savais plus quels termes employer pour tant de marques de sympathie. Et encore l'on m'avait prévenu qu'une masse de cyclistes venus de tous les points de l'Alsace-Lorraine avaient dû repartir avant notre arrivée à cause de l'heure trop tardive. Citer des noms, hélas, c'est s'exposer à en omettre beaucoup. Que ceux que j'oublierai me le pardonnent. Parmi les aimables cyclistes venus à la frontière, se trouvaient MM. Verly, Gutknecht, Weiss, Bauer, Bietch, Schaumann et, parmi les sociétés qui avaient envoyé des délégations à Strasbourg, la Céléritas de Strasbourg, le Vélo-Club de Mulhouse, le Vélo-Club de Metz, le Vélo-Club de Schiltigheim, le Vélo-Club de Bischwiller.

Enfin, un détail vraiment touchant et que je ne puis passer sous silence: M. Paul Weil, rédacteur du *Vélo-Sport d'Alsace-Lorraine*, et l'un des principaux organisateurs de cette fête inoubliable, tombé subitement malade la veille de notre arrivée, s'était, enveloppé de couvertures et grelottant de fièvre, assis à sa fenêtre pour nous voir passer et pouvoir crier: Vivent les cyclistes français!

Dans la salle du banquet, tout le monde était à son poste. La réunion était présidée par M. Riss, directeur du *Vélo-Sport d'Alsace-Lorraine*, aux côtés duquel on nous fit prendre place. Tout, banquet et discours, se passa dans les règles. Les applaudissements, on le pense, ne furent ménagés à personne.

Nous étions installés depuis cinq ou six minutes et nous nous disposions d'ailleurs, une fois les discours prononcés, à disparaître au plus tôt quand un petit événement qui, en raison du va-et-vient général, passa inaperçu pour les convives, sauf pour Willaume et moi, se produisit.

Nous étions en devoir de nous ravitailler l'estomac dans la mesure d'un appétit fortement amoindri par notre énervement, quand tout à coup, dans l'encadrement de la porte, apparut, en son costume jaune foncé, couvert de poussière, les traits élargis par un ahurissement pareil sans doute à celui de toute l'armée romaine quand elle se vit en présence des éléphants de Pyrrhus, Blanquies, l'ami Blanquies, le joyeux compagnon, le Montmartrois échappé de ses cafés nocturnes, Blanquies lui-même qui jeta d'abord un regard immense à travers la salle, puis catégoriquement, mais sans se hâter, vint prendre place auprès de nous.

Où avait-il l'estomac, l'infortuné? Pas mangé depuis Nancy! Horrible! Un instant je frémis pour les plats de l'hôtel de la Couronne.

Il ne disait rien, du reste. Blanquies avait la langue raidie par la faim.

A la sortie, lorsque les discours furent terminés et que l'on eut adressé un dernier salut avec de nouveaux et cordiaux remerciements à ceux qui nous avaient ménagé cette splendide réception, notre ami put parler enfin:

—Figurez-vous bien, dit-il, en commençant à agiter ses bras en forme de fléaux à battre le blé, que j'ai cru devenir dément. J'étais sur vos talons depuis Nancy; depuis Nancy, entendez-vous. Ah! les gredins! ces satanés paysans me disaient, les uns: Ils viennent de passer, les autres: Il y a cinq minutes qu'ils sont partis; d'autres encore: Ils sont à deux kilomètres devant vous. Ah! les enfants du diable! et la distance variait toujours, et plus je pédalais, plus parfois la distance augmentait. Non! c'était à perdre la tête. Et les routes sont dans un état, faut voir. Et une fois en Alsace, je demande mon chemin, ces idiots-là me répondent dans un charabia incompréhensible. Ah! c'est du propre! J'étais éreinté. Je me suis arrêté pour boire, je mourais littéralement, je mourais. Juste je me suis arrêté dans le restaurant où vous avez dîné. On m'a dit: Mais ils viennent de partir. Oui, oui, impossible de vous rejoindre, vous étiez toujours à cinq minutes. Oh! pour rigolo, c'est rigolo, les records! Enfin je vous ai rattrapés, sans prendre le train.

Pendant cette avalanche, nous arrivions à notre hôtel, enfin! Il était une heure de la nuit.

VIII

EN TERRE ALLEMANDE

Willaume et moi, avions pris une chambre à deux lits, système assez commode pour deux hommes en proie aux mêmes fatigues, un peu aux mêmes émotions et tendant ensemble au même but. Notre heure de départ était toujours la même, six heures du matin. A cinq heures le garçon de l'hôtel nous réveillait.

Je restai un instant ahuri par suite de la journée très fatigante de la veille. Après dix minutes au moins de réflexion, je me décidai à me placer sur mon séant en travers du lit, la physionomie toujours dans un même état d'ahurissement complet, sans doute, car Willaume qui était déjà debout me dit en riant: «Quel air vous avez! Allons, il faut se lever, vous ne serez pas prêt pour le départ.»

Je dois faire ici un aveu: je suis souvent d'humeur assez maussade, le matin, à mon lever; affaire d'estomac évidemment, car cette particularité est fréquente chez les personnes qui souffrent de ce viscère rétif. Je répondis donc à l'ami Willaume:

—Ah! ma foi, nous partons à six heures, et il n'est que cinq heures et quart; j'ai le temps, ne vous occupez pas de ma personne, je serai prêt, soyez sans inquiétude.

C'est égal, quel métier de voleur! Plus de deux cents kilomètres chaque jour et à peine cinq heures de sommeil, c'est à vous faire tourner en bourrique. Au fait! c'est bien moi qui l'ai voulu, par tous les saints du Paradis.

Puis je retombai dans mon mutisme. Willaume était froidement inquiet.

—Et les autres, lui dis-je, est-ce qu'ils se lèvent, au moins?

—Mais oui, ils doivent être prêts, c'est sûr.

Il fallut sortir de ma torpeur.

Je sonnai le garçon afin de faire retomber sur sa tête l'agacement dans lequel je me trouvais. On eût dit vraiment que je pressentais les mésaventures auxquelles nous étions destinés dès le commencement de cette troisième et néfaste journée.

—Le chocolat est-il prêt? dis-je au garçon dès son arrivée pendant que je passais mes vêtements peu compliqués.

—Oui, monsieur, c'est tout prêt.

—Oui, c'est tout prêt, je la connais, et quand je descendrai, j'attendrai encore vingt-cinq minutes. Ecoutez, vous allez supposer que je suis habillé, que je suis descendu à la salle à manger et que je suis installé devant une table. On n'a plus qu'à me servir. Allez me faire servir. Et vous entendez ce que je vous dis, n'est-ce pas, vous avez entendu? Eh bien! je suis sûr que je poserai encore un quart d'heure avant d'être servi. C'est ce qui m'est arrivé, malgré de semblables recommandations dans tous les hôtels de France, de Navarre et d'Europe où j'ai eu le malheur de me trouver.

Après cette tempête de paroles, le garçon s'esquiva.

Quelques instants après je descendais en compagnie de Willaume. L'attente ne fut pas longue, je dois le reconnaître. La présence de Blanquies, déjà attablé, commença d'ailleurs à agir favorablement sur mes nerfs tendus ce matin-là outre mesure. Blanquies éclatait de rire parce qu'un des garçons écorchait quelques mots français et qu'un autre ne comprenait absolument rien à ce qu'il lui disait.

Le déjeuner terminé, tout le monde était à son poste.

Suberbie avait fait préparer les machines. On se disposa à partir. Nous étions au nombre de six. Châtel et Patin, nos deux entraîneurs, Blanquies, Willaume et moi et enfin Chalupa, le jeune tchèque, qui, on l'a vu, avait été fidèle au rendez-vous et qui était arrivé au déjeuner, prêt à se mettre en route avec nous.

A six heures précises, le signal du départ était donné. Notre étape devait être de deux cent cinquante-deux kilomètres. Suberbie allait naturellement prendre le train et nous comptions le voir à mi-chemin de notre étape, c'est-à-dire vers Herremberg, ou au plus loin à Stuttgard, que nous espérions traverser vers cinq ou six heures du soir.

Hélas, hélas! nous avions compté sans les défilés de la Forêt-Noire que je m'étais fait une joie de traverser, mais qui allait être la cause de nos principales mésaventures. Ce n'est que le lendemain soir, après une foule d'incidents, que je retrouvai Suberbie à Ulm, ainsi que mes principaux compagnons de route.

Peu de monde dans Strasbourg à six heures du matin. La traversée fut courte.

Nous venions de quitter la ville et déjà on arrivait à la porte des fortifications, quand une sentinelle nous inonda de son baragouin allemand. Je n'y compris rien du tout, comme de juste, mais nous avions d'excellents interprètes. Châtel, l'Alsacien, me dit qu'il fallait descendre de machine durant la traversée de la zone militaire. On s'exécuta. La zone franchie, ce ne fut pas long, on se remit en selle.

Etant arrivés la veille à onze heures du soir à Strasbourg, nous n'avions pas encore vu de troupes allemandes. A peine remontés sur nos machines, j'aperçus, à deux cents mètres devant moi, un escadron prussien. Il fut rejoint en quelques instants.

Il s'avançait dans le même sens que nous, dans la direction du magnifique pont de Kehl, sur le Rhin.

Comme l'escadron allait au grand trot, on le suivit durant quelques minutes; mais bientôt la poussière soulevée par les chevaux nous gêna beaucoup, et bien que l'espace resté libre sur la route fût fort restreint, je priai Châtel, l'homme de tête, de forcer l'allure et de doubler l'escadron, ce qui fut exécuté aussitôt.

On longea donc le flanc de la troupe. En passant ainsi tout près de cette cavalerie allemande, malgré moi je la considérai longuement, en proie à des sentiments que tous mes compatriotes comprendront. Je ne pouvais détacher mes regards de ces soldats que jeune témoin des sanglants désastres de la dernière guerre, j'avais si souvent revus en des songes affreux.

C'étaient de solides gaillards qui nous regardèrent d'ailleurs sans surprise, mais plutôt avec un air de profonde pitié.

Peu à peu les premières pensées qui m'avaient assailli, s'effacèrent, et, en moi, le cycliste reparut.

Je fis un rapprochement entre cette lourde cavalerie et la nôtre, entre ces énormes chevaux et nos rapides et frêles bicyclettes.

«C'est égal, pensai-je, le cyclisme est peut-être la cavalerie de l'avenir, mais nous n'y sommes pas encore. Je vois mal ces gaillards balourds avec leurs armes pesantes sur les fines gazelles d'acier. Non! non, nous n'y sommes pas encore.»

Nous arrivions en tête de l'escadron. Je contemplai un instant, l'officier qui le commandait.

Il était formidable!

En nous apercevant il tourna légèrement la tête de notre côté. Oh! avait-il l'air, celui-là, de nous prendre en pitié!

Je me répétai aussitôt ma réflexion: «En voilà un, par tous les saints du ciel, que je vois mal sur une bicyclette. Ouf! quel homme! mais il l'écrabouillerait.»

Maintenant l'escadron était derrière nous. Le bruit sourd produit par le trot des chevaux s'effaçait peu à peu. Je continuai à ruminer cette même pensée: «Oui, certainement, il l'écrabouillerait...» quand, brusquement, comme je redressais la tête, un spectacle inouï, et à coup sûr inattendu, s'offrit à mes regards stupéfiés:

C'était, à trente mètres devant moi, épanoui en sa large carrure, l'air rayonnant et jovial, un énorme officier prussien à bicyclette.

A cette apparition, la rate de Blanquies se dilata avec la même virulence que celle des Athéniens quand ils virent le chien d'Alcibiade ayant la queue coupée.

—Oh! oh! oh! non, s'écria-t-il, c'est trop fort! Non, mais voyez-vous cet homme-là se promenant sur les boulevards, à Paris! Oh! oh! oh! mes côtes! mes côtes! j'en suis malade. Non! non! arrêtez-vous. Ils en feraient une tête les badauds! Non, mais, a, é, ou, u? comme dirait l'autre.

Et Blanquies se frappait la cuisse droite à coups redoublés, comme si ce geste devait calmer son fou rire impossible à contenir.

Notre désopilant compagnon riait encore, quand nous arrivons au magnifique pont de Kehl. Ici Châtel et Patin nous font une déclaration désagréable.

Patin nous annonce qu'il nous quitte parce qu'il est obligé de retourner à Metz où ses affaires l'appellent. Châtel nous abandonne également, car il ne se sent pas très bien disposé. Il va, lui, rejoindre Suberbie avec qui il voyagera, pour nous retrouver plus loin et nous entraîner, au besoin.

On se serre la main, puis la troupe réduite aux quatre compagnons, on se sent envie d'écrire: aux quatre mousquetaires, traverse le pont de Kehl, sur le Rhin; nous voici sur la véritable et antique terre allemande: nous sommes dans le grand-duché de Bade.

La route est déjà détestable. Ce sont de petits cailloux pointus sur lesquels on trépide d'une manière exaspérante. Déjà je ressens à la jambe droite une douleur qui ne devait plus me quitter et devait arriver à certains moments à un état aigu. A un croisement de routes, grand embarras. Un paysan est là. Chalupa, l'interprète, dont l'utilité se fait déjà sentir, demande notre chemin. Le paysan nous l'indique.

J'ai déjà appris comment on dit en allemand: mauvais chemin et je ne me fais pas faute de servir le mot au brave homme, qui trouve, lui, le chemin très ordinaire. Parbleu! il ne connaissait pas nos routes de France, lui.

Devant nous, à l'horizon, la montagne se déroule.

Nous arrivons sans encombre dans un coquet village; c'est Oberkirch; la machine de Chalupa s'est légèrement détraquée, et, comme la faim nous talonne déjà,—oh! elle talonne vite quand on marche à bicyclette,—nous faisons halte et, pour la première fois, nous pénétrons dans une auberge allemande.

Elle est d'une propreté admirable. L'air solennel et doctoral du patron excite le rire de Blanquies. Comme personne ne comprend le français dans l'établissement, il en profite pour se «payer la tête» des gens qui sont là et qui n'ont, à vrai dire, rien d'extraordinaire. Seul, le patron a une tournure singulière; un véritable docteur en Sorbonne, je l'ai dit.

Après quelques instants, un des clients que notre apparition a semblé intriguer au plus haut degré, après beaucoup d'hésitation a fini par s'approcher de nous. Il ne parle pas un mot de français, aussi il gesticule beaucoup; enfin il nous montre un journal sur lequel je m'empresse de jeter les yeux. Quoique ne comprenant pas moi-même un mot d'allemand, je devine ce dont il est question; le journal annonce tout simplement notre voyage à bicyclette de Paris à Vienne, et cet excellent homme, qui a lu cette nouvelle, se demande si nous sommes les voyageurs.

—Ya, ya, dis-je, en désignant la troupe; ce qui rend le client tout heureux. D'ailleurs Chalupa est là pour achever de satisfaire sa curiosité. Nous sommes prêts. En route.

Au village suivant, nous croisons une procession. Il n'en fallait pas moins pour mettre en joie Blanquies. Voici que son rire guttural se donne à nouveau carrière.

—Oh! oh! oh! Croyez-vous que ces malheureux en ont une couche sur leur cervelle. Mais regardez-les donc, les uns derrière les autres; où vont-ils comme ça, ces pauvres gens? C'est une maladie du cerveau.

Et le gavroche, déchaîné, dévisage chacune des personnes qui passent devant lui, en me faisant remarquer jusqu'à leurs moindres défauts physiques, ce qui a le don d'augmenter l'hilarité gouailleuse du Montmartrois, dont les hanches n'y tiennent plus.

Toutefois, comme ses réflexions sont naturellement faites dans une langue dont les braves campagnards ne sauraient comprendre un mot, ils peuvent croire que leur personne n'est nullement en jeu, et ils ne font pas la moindre attention à ce cycliste, dont le rire désordonné manque à un certain moment de le faire tomber dans le fossé, car nous avons dû naturellement nous ranger sur l'accotement pour laisser passer la procession.

Pour ma part, je dois le dire, je ne goûte que fort peu, en cette circonstance, les réflexions de mon compagnon, et je lui dis:

—Mon brave, ces campagnards sont peut-être d'une intelligence fort ordinaire, mais je ne vois guère que le fait d'aller en procession constitue un acte moquable, et si je fais quelques comparaisons entre les diverses espèces animales et la nôtre, je constate que les premières n'ont jamais l'idée d'aller ainsi, pour se rassembler ensuite dans un temple afin d'y prier un être supérieur. Si la faculté rudimentaire dont jouissent les animaux est de même nature que l'intelligence de l'homme, ce que je conteste absolument, il est une particularité que les animaux ne partagent pas avec l'espèce humaine: c'est celle de «d'idée religieuse». Et si un jour, mon brave ami, il vous était donné de voir des animaux rassemblés dans une enceinte et placés dans une attitude indiquant chez eux qu'ils rendent hommage à la divinité, vous feriez la réflexion diamétralement inverse de celle que vous avez émise tout à l'heure: vous manifesteriez votre stupéfaction de l'intelligence inouïe de ces animaux qui, comme les hommes, ont «d'idée du Créateur».

Cette dissertation n'a pas le don de convaincre le Montmartrois, qui se saisit de l'idée des animaux réunis et chantant les louanges de Dieu pour rire de plus en plus fort. Mais voici où le rire commence à me gagner à mon tour. Au moment où Blanquies, se livrant à une joie folle à l'idée des chiens réunis pour chanter des cantiques, commençait à gesticuler, patatras! il s'étale dans le fossé, les quatre fers en l'air. La procession était passée, heureusement pour lui.

La chute était d'ailleurs sans la moindre gravité. Rien, absolument rien, ni à l'homme, ni à la machine.

Nous continuons notre voyage vers Oppenau. La route est un peu moins mauvaise.

Il est près de neuf heures du matin. Nous sommes à environ cinq cents mètres d'Oppenau, lorsque se produit un incident absolument insignifiant en apparence; et pourtant c'est cet incident qui va être la cause de la plus fâcheuse mésaventure, de ma séparation d'avec mes compagnons de route et de ma perte pendant plus de six heures dans la Montagne-Noire à laquelle nous touchions. Si le lecteur veut savoir par quelle suite de circonstances inouïes j'ai pu me trouver séparé du groupe avec lequel je marchais, et comment j'ai pu le perdre, il l'apprendra au chapitre suivant.

IX

ÉGARÉ DANS LA FORÊT-NOIRE

Le caractère d'une froideur britannique de mon excellent compagnon Willaume ne s'était guère démenti, on l'a vu. Son obéissance était aveugle et muette. Qualité fort heureuse et qui était faite pour épargner bien des ennuis au cours d'un pareil voyage.

Et la meilleure preuve de la vérité de cette observation, c'est que Willaume, le pauvre Willaume, étant pour une fois sorti de son caractère, a été la cause première, mais bien innocente au fond, de l'incident qui allait nous séparer.

Cette séparation a paru si étrange, si singulière, si stupéfiante même à tous ceux qui, par les journaux, se tenaient au courant de notre voyage, elle a donné lieu à tant de commentaires, que je prie mon lecteur d'en suivre les détails, d'ailleurs très brefs, avec une scrupuleuse attention. On verra ainsi avec quelle simplicité peuvent se produire les événements les plus invraisemblables en apparence.

Nous voici donc en marche, Chalupa, Blanquies, Willaume et moi, vers la ville d'Oppenau, située au pied du mont de la Forêt-Noire.

A cinq cents mètres environ avant l'entrée en ville, je dis à mes compagnons: «Nous allons descendre à Oppenau afin de faire signer nos livrets.» Pour la première fois, Willaume, qui craint une trop grande perte de temps, glisse une observation fort naturelle, en somme: «Pourquoi faire signer nos livrets? dit-il; c'est inutile. Nous allons nous trouver en retard. Il vaudrait mieux ne pas s'arrêter.» Observation fort naturelle, dis-je, ou du moins qu'il lui était à coup sûr permis d'émettre; mais elle a cependant le don de me piquer un peu et je réponds vivement à mon compagnon: «Eh bien, puisque vous ne voulez pas perdre de temps, c'est bien; voici mon livret, partez en avant avec Chalupa, faites signer les livrets, et nous nous retrouverons dans Oppenau, que nous traverserons, Blanquies et moi, sans nous arrêter.» Willaume et Chalupa partent donc en avant, pendant que nous continuons tranquillement notre marche. Après quatre cents mètres environ, soudain nous apercevons, appuyées contre une maison isolée, un peu avant l'entrée dans Oppenau, les machines de nos deux amis: «Tiens, s'écrie Blanquies, ils sont allés là faire signer les livrets. Continuez votre chemin, je vais bien vite les prévenir que nous passons.» Et tandis que je pousse vers la ville, Blanquies descend et disparaît à son tour dans la maison isolée.

Ici, pour la clarté du récit, je dois ouvrir une parenthèse.

La ville d'Oppenau est, comme je l'ai dit, située au pied de la montagne. A cet endroit, la route venant de Strasbourg se divise en trois tronçons qui, tous trois, pour notre malheur, conduisent au même point, à Kniébis, en pleine Forêt-Noire. Cette ville de Kniébis est celle que mon itinéraire nous indiquait à la suite de celle d'Oppenau; car j'avais, avant de partir, dressé une liste des localités de quelque importance par où nous devions passer, système fort commode et dont je me suis toujours assez bien trouvé. J'avais déjà, naturellement, renseigné mes compagnons sur la ville où nous devions diriger notre marche, car j'étais le seul au courant de l'itinéraire, en ma qualité de chef de l'expédition.

Tous les quatre nous savions donc que, après Oppenau, nous avions à marcher sur Kniébis. Mais ce que nous ignorions totalement, hélas! c'est précisément que trois routes, au lieu d'une, pouvaient nous y conduire. Or, voici la situation de ces trois routes. La première, à droite, se détache de la route principale, avant l'entrée dans la ville d'Oppenau. C'est la plus longue et la meilleure; c'est, en réalité, celle que nous eussions dû prendre tous les quatre; les deux autres se trouvent à la sortie d'Oppenau, formant une fourche à angle aigu. De ces deux dernières, celle de droite est moins longue que la première, mais elle est plus mauvaise, c'est celle que prirent mes compagnons; enfin, la troisième, celle de gauche, qui est la plus courte, mais qui devient un vrai sentier à travers la forêt, est celle où je m'engageai, et voici comment le fait arriva.

Tandis que Blanquies était descendu pour prévenir Willaume et Chalupa de notre passage, je m'avançais avec une très grande lenteur à travers Oppenau, n'ayant pas aperçu la première route à droite, la vraie, que mes compagnons ne virent pas non plus, du reste. Je continuai ainsi mon chemin jusqu'à la sortie de la ville, où se trouve le croisement des deux nouvelles routes. En présence de ce croisement, je restai une minute hésitant, puis, comme je constatai que le fil du télégraphe suit la route de gauche, je me décidai et m'embarquai sur cette route; décision fâcheuse, car, s'il est imprudent de rester séparé de ses compagnons dans les voyages à bicyclette, l'imprudence devient une faute grave quand elle se produit à une bifurcation.

J'avais à peine fait cent mètres sur ma route qui, déjà, montait en pente raide, quand un scrupule me prit. J'interrogeai un paysan, tant bien que mal, moitié par gestes, moitié baragouinant deux mots d'allemand. Toute ma singerie voulait dire: «Suis-je bien sur la route de Kniébis?» Le paysan répondit nettement: «Ya, mein herr.»

Fatalité! car c'était exactement la même réponse qu'on allait faire à mes compagnons, sur l'autre route, celle de droite, et qui allait les pousser plus avant.

Il est certain qu'ici, ne voyant pas venir la troupe, j'aurais dû retourner en arrière. Mais pour quoi faire? pensai-je, puisque je suis sur la route de Kniébis. Tous les trois savent que nous allons sur cette ville, ils sont forcés d'arriver. Raisonnement tout simple pour moi, dans la conviction où j'étais que ma route était la seule conduisant à Kniébis.

Plusieurs fois, je me retourne. Personne. C'est vraiment un peu fort, je ne puis comprendre ce qui les retient.

Maintenant, c'est fini. La route, montant toujours, je ne veux pas perdre le bénéfice de ma peine, et je poursuis mon chemin.

Le spectacle est d'ailleurs magnifique. La forêt se déroule déjà à mes regards. Pourtant ma vive préoccupation m'empêche encore de jouir de la vue. J'interroge de nouveau un passant, toujours de la même manière. La réponse est affirmative. Je suis sur la bonne route. Je grimpe à coups de pédales lents et mesurés. Et je finis par me dire: Après tout, qu'est-ce que je risque? Du moment que nous nous rendons tous à Kniébis, nous sommes bien obligés de nous y retrouver. Ce sera le rendez-vous général. Il était dix heures trente environ. Temps magnifique toujours, mais orageux. Le ciel était d'un bleu foncé avec quelques gros cumulus cotonneux.

Je vais de l'avant sans me retourner davantage. Mon parti est pris. Je retrouverai mes amis à Kniébis.

De plus en plus je m'absorbe dans la contemplation du spectacle offert par la forêt, qui se développe en un gigantesque amphithéâtre. Bien nommée, cette forêt célèbre. Les hauts sapins, en un massif épais, paraissent d'un noir d'encre. Dans la vallée, au-dessous de moi, on entend, imperceptible, le bruit d'un cours d'eau qui roule dans la rocaille; quelques maisons isolées apparaissent çà et là, au milieu de terrains découverts; mais à mesure que j'avance, en gravissant la montagne, les massifs d'arbres vont s'épaississant. Le sol est superbe, heureusement. Les routes, on m'en avait prévenu, sont, paraît-il, magnifiques durant toute l'étendue de la Forêt-Noire. Suivant l'impression généralement ressentie dans les pays de montagne, plus je vais de l'avant plus les sommets se découvrant dans le lointain semblent s'élever. Maintenant le spectacle de cette forêt grandiose dont j'aperçois, des hauteurs où je me trouve, une formidable étendue, me plonge dans le ravissement.

Etait-ce donc, me dis-je, ce tableau merveilleux qui m'attirait, par un instinct secret, par une suggestion du beau, car si je ne suis pas sur le bon chemin et le rétrécissement de la route commence à me le faire croire, sans doute je n'eusse pas contemplé ce paysage des «Mille et une nuits».

Alors continuant mes réflexions, j'évoquai les souvenirs de mes lectures d'autrefois, lectures de romans dont les héros fabuleux accomplissaient leurs exploits dans ces monts fameux de la Forêt-Noire. C'est ici, me dis-je, en fixant mes regards ardents sur cette forêt titanique, le théâtre de ces héroïques légendes dont la littérature de l'Allemagne est remplie. Je le vois, je le contemple, je le touche. Et en quelles circonstances?

Où sont mes compagnons, pensai-je tout-à-coup, que doivent-ils dire? Quelle doit être leur inquiétude?

Tout est désert. Je continue ma marche en avant. La forêt, ai-je dit, se présentait à ma vue en gigantesque amphithéâtre; je m'avançais en suivant le flanc de l'une des chaînes vers le fond du demi-cercle ainsi formé par ce vaste massif montagneux. La route s'étant fort aplanie, il était évident que j'allais me heurter à ce fond noir qui se dressait d'une vertigineuse hauteur. Comment franchir cette muraille, pensai-je. Quelle côte, juste ciel! doit-il y avoir là. Si c'est ici la route royale de Paris à Vienne, je veux bien que tous les crabes de l'Atlantique me déchirent l'épiderme pendant plusieurs tours de cadran. Je m'enfonce de plus en plus dans cette forêt infernale, et je n'aperçois devant moi que de vertigineux sommets.

Mais je ne désespère pas. J'avance toujours: «Enfin, on m'a dit pourtant que j'étais sur la route de Kniébis. J'y parviendrai bien puisqu'on m'a fait comprendre que je n'avais qu'à continuer.»

Le chemin était vraiment magnifique comme sol; il était de la largeur d'un de nos chemins vicinaux. Je le suivais donc allègrement, me disant: tant que je puis rouler avec facilité, rien de perdu. Et je roulais avec une aisance d'autant plus grande que cette route était devenue à peu près plane et par endroits était en pente descendante. Elle se dirigeait vers la muraille sombre, comme une voie ferrée vers un tunnel.

Soudain, comme j'arrivais au pied de la chaîne en fer à cheval, un spectacle inattendu se présenta. La route s'arrêtait net. Et à sa place s'étalait, bien en rapport avec ce pays de légendes antiques, un chantier de rochers où, vrais fils des vieux Teutons, des ouvriers à taille d'hercule, travaillaient.

Je contemplai, stupéfait, l'aspect de ces lieux. A mon flanc gauche, se dressait la montagne; devant moi, le chantier de rochers et par delà le chantier un torrent qui se canalisait en un ruisseau assez large mais peu profond, qui coulait à ma droite. Au-dessus du torrent, un pont de bois. C'était ce pont misérable qui évidemment formait la suite de la route. Oh! ce pont formant la route de Paris-Vienne! Enfin, tout à fait à main droite, de l'autre côté du ruisseau, mais sans que le moindre pont en permît les approches, un chemin commençait, se dirigeant vers l'autre chaîne de montagnes. Le chemin que j'avais suivi se divisait donc en deux parties: la première devant moi continuait à travers les rochers par le petit pont de bois situé au-dessus du torrent; la seconde se trouvait de l'autre côté du ruisseau, à main droite, et allait se perdre dans la forêt.

En présence d'un pareil tableau: Impossible, me dis-je, oui, impossible que ma route soit celle de droite, puisque j'en suis séparé par un ruisseau torrentueux. Sans doute je pourrais, de rocher en rocher, arriver à franchir cette passe dangereuse, mais je ne suppose pas que le commun des mortels consente en général à se soumettre à cette émouvante acrobatie. Mon chemin véritable est en face, évidemment.

Notez que toutes ces réflexions furent faites en un clin d'œil, et que quelques secondes s'étaient à peine écoulées, lorsque, ces idées ayant roulé dans ma cervelle j'interrogeai l'un des ouvriers qui travaillaient au milieu des rochers. Ce ne fut pas une question, ce fut, comme à l'ordinaire, un glapissement germanico-chinois qui signifiait: Suis-je bien sur le chemin de Kniébis? Les travailleurs de la forêt me regardaient tous d'un air beaucoup plus surpris par mon langage étrange que par ma tenue de cycliste. La bicyclette, ils avaient déjà vu ça, c'était certain, mais à mon langage bizarre, oh! non, ils ne comprenaient rien. Ils continuaient à me considérer comme un enfant contemple un animal sorti brusquement de sa cachette et qu'il ne connaît pas encore. Ils semblaient dire: Enfin, que diable nous baragouinez-vous là?

Tout à coup l'un de ces hommes à l'aspect rude mais bon enfant, entendant le mot Kniébis, Kniébis, répété à plusieurs reprises et accompagné d'un geste significatif, finit par comprendre et répondit: Ya, ya, me désignant d'un geste, lui aussi, le petit pont de bois situé au-dessus du torrent.

Alors, je n'hésitai pas une seconde. Je m'emparai de ma machine et, marchant de rocher en rocher, je franchis le chantier pour aboutir à la passerelle étroite d'où l'on pouvait voir les eaux mousseuses de la cataracte se précipiter par le ruisseau dans la vallée.

Maintenant, le pont franchi, ce n'était plus une route, mais un sentier de chamois, longeant le flanc de la montagne rocheuse. Obligé d'aller à pied, inutile de le dire. Le sentier s'allongeait entre deux chaînons élevés et j'étais comme au fond d'un entonnoir d'où j'apercevais, fort au-dessus de moi, la voûte céleste d'un bleu foncé. Le sentier étroit, allait se rétrécissant toujours. Brusquement, il cessa, et mon chemin, qui déjà avait changé d'aspect, se transforma une seconde fois. Je me trouvai en présence d'un escalier de bois vermoulu.

Retourner en arrière? Non, je me suis trop avancé, il faut poursuivre. Je pris résolument ma légère bicyclette, ma chère petite compagne sur les épaules et je commençai l'ascension.

Je gravis lentement ces escaliers de bois, la machine sur mes épaules, non sans une certaine inquiétude, car j'entendais le torrent gronder au-dessous de moi, et pour avoir voulu me pencher au-dessus de la faible rampe de l'escalier, je fus pris d'un dangereux vertige. Je m'arrêtai une seconde pour reprendre haleine, la main gauche contre le rocher et la main droite soutenant la machine. Je relevai la tête. Une faible étendue de ciel bleu couronnait les arbres de la forêt, et perdu dans l'azur foncé, j'aperçus un aigle planant en spirales au-dessus de la montagne. Une seconde fois j'abaissai le regard vers le torrent: «Grand Dieu! me dis-je, pris d'un frémissement, si j'allais, saisi par le vertige, me fracasser le crâne dans ces rochers, que diraient-ils là-bas, dans mon cher pays de France, tous ceux qui suivent les péripéties de cette étrange expédition? Retrouverait-on jamais mon cadavre roulé par le torrent et que l'oiseau vorace, là-haut, semble épier?»

Je me disposais à continuer l'ascension quand je vis venir un habitant de ces lieux, sans doute. Il avait la physionomie intelligente et le regard vif; une mise de bon petit commerçant. Il ne parut pas très surpris de me rencontrer. Les progrès de la vélocipédie ont amené des cyclistes partout. Interrogé, il répondit, comme les autres, en me désignant d'un geste le sommet de la montagne. Il me fit comprendre que je n'en étais pas très éloigné.

Encore quelques instants et me voici à la dernière marche. Un tableau digne des rêves d'Abou-Hassan se découvrit à mes regards. C'était, encadré par les arbres de la forêt, un jardin d'une délicieuse fraîcheur. Des corbeilles d'où les fleurs débordaient s'étageaient sur la pente de la montagne. Je vis à la distance où j'étais, un entrelacement de géraniums, de pétunias, de jacinthes et de lauriers-roses, avec çà et là des rosiers de Bengale et au centre un bassin semé de nénuphars. Au fond du tableau, un vaste chalet à l'aspect régulier des maisons parisiennes. Je traversai ce féerique Eden, et je me retrouvai cette fois sur une route assez large et très montante. L'ascension continuait. Je dus aller à pied et parvins à un vaste carrefour d'où s'éloignaient six chemins en forme de soleil. J'y rencontrai un bûcheron et sa femme.

—Kniébis? demandai-je.

Le bûcheron fit un geste empreint d'une superbe indifférence et me montra l'un des chemins. Hélas! c'était bien fini. J'étais complètement égaré.

Le bûcheron voulut-il me tromper, ignorait-il lui-même la route véritable? Je ne sais, mais j'étais perdu, et bien perdu.

Le chemin qui m'était indiqué par l'habitant de la forêt descendait le flanc opposé de la montagne. Me voici maintenant sur ma machine qui a retrouvé ses ailes et roulant à une vertigineuse vitesse. Je vais trop vite même; parfois je suis obligé, par une manœuvre difficile, de retenir vigoureusement en faisant frein dans les cailloux pour ne pas emballer. Je fais ainsi plusieurs kilomètres tandis que de nouveaux panoramas de cette forêt immense se déroulent à ma vue. Il est midi; je meurs de soif et de faim. Au fond de la vallée, je rencontre au centre d'une large clairière, illuminée par le soleil à son zénith, une auberge. Un paysan travaille devant la porte.

«Je vais enfin éclaircir la situation, pensai-je; il faut que je sache où j'en suis. Dussé-je employer un quart d'heure à m'expliquer avec cet homme, j'arriverai bien à savoir où j'en suis.»

Alors, m'approchant du brave, je commence mon baragouin, accompagné de gestes désespérés. Une idée me vient, d'ailleurs. Je savais que la ville où nous devions nous rendre après cette damnée Kniébis était Frendenstadt. Alors, pour plus de clarté, je demande où se trouvent Kniébis et Frendenstadt, deux noms qui paraissent tout de suite éclairer le cerveau de mon interlocuteur, car il fait un geste de vif étonnement en me disant ce que je traduis ainsi: «Ah! mon pauvre monsieur, mais vous en êtes loin.» Et il me désigne l'autre flanc de la montagne par où je suis venu. Il faut rebrousser chemin. Et il est midi.

Ce coup violent m'enlève toute envie de manger mais non celle de boire. Je pénètre dans l'auberge où une ravissante jeune fille, fort surprise à l'aspect de l'étranger, me sert une chope de bière qu'en la circonstance présente, je trouve tellement exquise que jamais nectar servi aux dieux de l'Olympe ne pourrait être comparé à ce breuvage. Mais je suis pressé de partir. Je salue la jeune nymphe de ce lieu bienfaisant et reprends la route que je venais de descendre à toute vitesse.

Pendant cette montée faite en proie aux sentiments les plus divers, sentiments d'inquiétude surtout à cause du retard occasionné par cette singulière aventure, dont je n'entrevois pas encore la fin, je rencontre un brave homme, seul dans sa carriole et qui descend vers la vallée. A ma vue, il semble me reconnaître.

«Quoi, me dis-je, qu'est-ce qui se passe? Est-ce qu'au milieu de la Forêt-Noire, je me trouverais en pays de connaissance? Qu'est-ce qu'il a cet inconnu? Par la barbe du grand saint vélo, il me reconnaît, oui, sans aucun doute.»

L'homme à la carriole continuait ses gestes de vive surprise en me dévisageant.

Je m'approchai alors, et, moi aussi je le reconnus. C'était le noble étranger que j'avais croisé sur l'escalier de bois au-dessus du torrent, dans la montagne. Il semblait me dire: «Comment, malheureux, mais vous en êtes encore là? Oh! mais, vous vous êtes donc totalement trompé?»

Alors il s'efforça de me remettre dans la bonne voie en m'indiquant, avec sa montre, que j'en avais pour une heure et demie de chemin.

Une heure et demie de chemin, me dis-je! Délicieux, vraiment! Mes pauvres compagnons, dans quel état de mortelle inquiétude doivent-ils être? Voilà un record, certes, qui n'est pas ordinaire.

Je prends congé de mon hôte sympathique et, poursuivant la montée, je me retrouve au carrefour-soleil où le bûcheron m'avait si gaillardement trompé. Il n'y était plus, le damné compère. A sa place, un vieillard accompagné d'une fillette d'une dizaine d'années conduisait une charrette à bœufs.

Consulté sur le chemin de Kniébis, le nouveau personnage m'indiqua une autre des nombreuses voies qui s'éloignaient du carrefour en ajoutant une foule d'explications auxquelles, hélas! je ne pus absolument rien comprendre.

Le sol était bon, j'enfourchai de nouveau ma machine et je m'élançai en avant.

J'étais irrémédiablement perdu en pleine forêt; plus rien comme point de repère, nul poteau, nulle borne, nul être humain pour me renseigner sur ma route. La voie, toujours très vélocable, n'était plus réellement qu'un sentier, assez large il est vrai, mais pas assez cependant pour pouvoir prendre le nom même de chemin vicinal; c'était une sorte d'allée assez semblable à celles de nos jardins publics, je parle des plus étroites, de celles réservées aux seuls piétons. Un dôme épais d'un vert sombre la recouvrait. Certes, si l'inquiétude, qui allait maintenant jusqu'au tourment moral, si la soif redevenue ardente et la faim ne m'avaient en ce moment bouleversé, j'aurais pu me dire un heureux mortel en présence de spectacles naturels aussi beaux et qui eussent à eux seuls justifié un voyage comme le nôtre.

J'allai longtemps le long de cette allée ombreuse; les minutes semblaient des heures.

Soudain, une nouvelle clairière, avec croisement de sentiers, apparut. Une tente y avait été dressée et sur une sorte de banc de pierre assez mal équilibré deux hommes et une femme, assis, procédaient à un maigre repas. Leur aspect? celui de mendiants, comme nous en voyons dans nos campagnes françaises aux abords des villages.

Pas le moindre mouvement de leur part à la vue de ce cycliste étranger tombé brusquement au milieu de leur domaine. Je les interrogeai. Pas de réponse; un instant, ils me dévisagèrent, et ce fut tout.

J'aurais pu à coup sûr ressentir quelque crainte en présence de ces êtres à l'extérieur peu catholique, au milieu de cette forêt, et il est certain qu'ils eussent pu me faire disparaître de la scène du monde sans que nulle justice humaine songeât à leur demander compte de cette disparition; en effet, je m'assurai bien de la présence de mon revolver dans la poche de mon dolman, et à portée de ma main. Pourtant, je fis le geste sans conviction, car à vrai dire, je n'étais pas réellement inquiet sur les intentions des trois habitants de ces lieux solitaires à mon sujet.

Je me décidai à user, vis-à-vis d'eux, du procédé interrogatoire déjà employé avec les autres indigènes rencontrés depuis notre arrivée sur le sol étranger. Ils commencèrent par me considérer absolument comme une bête curieuse, moins curieuse sans doute par sa forme extérieure que par sa manière d'articuler des sons. Voyant que je n'obtenais pas plus de réponse que si je m'étais adressé à un tronc d'arbre de la forêt, je renouvelai ma pseudo-pantomime en accentuant les gestes et en augmentant l'intensité des sons émis par mon gosier teutonisant. Les trois personnages parurent avoir compris, car ils s'entre-regardèrent comme pour se consulter, mais en conservant toujours leur air de profonde indifférence, presque de mépris.

La consultation ne les avait pas beaucoup éclairés; pendant quelques secondes, et avant de me faire part du résultat de la délibération, ils s'interrogèrent encore du regard. Enfin l'un d'eux finit par m'indiquer l'un des deux sentiers vers lequel je partis aussitôt, en saluant mes hôtes singuliers.

Maintenant, je ne conserve plus aucun espoir de me retrouver à Kniébis, car à mesure que j'avance les chemins, les sentiers, se croisent et s'entre-croisent. Je prends l'énergique résolution de rouler droit devant moi, toujours droit, en me disant: «Quand toutes les divinités de ces bois sauvages me voudraient mal de mort, j'arriverai bien dans un lieu habité. Alors je me ferai définitivement éclairer sur ma route et au besoin je paierai un guide pour me tirer de ce mauvais pas. En avant.»

Et je roulai à toute vitesse. Combien de kilomètres ai-je parcourus, je l'ignore. Mais en proie à la faim la plus ardente,—il était une heure et demie, et j'étais égaré dans cette forêt depuis neuf heures et quart du matin,—aux tourments les plus vifs sur les résultats de mon voyage, je roulais avec la rage du désespoir et sans plus me préoccuper des bifurcations rencontrées tantôt à droite, tantôt à gauche.

Soudain, un vrai coup de théâtre se produisit.

Ayant roulé toujours devant moi, dans la direction que l'on m'avait indiquée comme étant celle de Kniébis, je me demandais à quelle distance je pouvais bien être de mon point de départ, lorsque tout à coup, un spectacle inattendu s'offrit à mes yeux, spectacle qui provoqua chez moi évidemment la même sensation que durent ressentir ceux qui, croyant la terre plate et allant toujours devant eux, se sont brusquement retrouvés à leur point de départ. La route que je suivais brusquement s'arrêta net, coupée par un ruisseau, et de l'autre côté du ruisseau m'apparut le chantier de rochers où les ouvriers à la taille d'hercule continuaient leurs travaux. Ainsi, je revenais par cette route que j'avais aperçue en arrivant d'Oppenau, en même temps que le petit pont de bois bâti sur le torrent, et que je n'avais pas voulu prendre en me disant: «Il est impossible que l'on oblige le commun des mortels à franchir ce cours d'eau pour se retrouver sur la route.»

On juge si, en présence de ce tableau, j'éprouvai, moi, une minute d'hésitation. Je m'emparai de ma machine et m'élançai dans le ruisseau, où de rocher en rocher, jetant devant moi ma pauvre et fidèle Gladiator, afin de ne pas m'inonder, me heurtant, trébuchant, m'écorchant, je pus sortir enfin de cette magnifique mais infernale partie de la forêt. Reprenant alors la route déjà parcourue et que je connaissais maintenant, je roulai à une vitesse folle vers mon point de départ, vers cette ville d'Oppenau où s'était produite la malheureuse séparation d'avec mes braves camarades, et où j'arrivai à deux heures et demie de l'après-midi.

X

KNIÉBIS, LA VILLE MYSTÉRIEUSE

Quand je me retrouvai dans la ville d'Oppenau, j'éprouvai un soulagement facile à comprendre, mais mon énervement n'en resta pas moins très vif à cause du désir ardent que je ressentais de m'élancer bien vite à la suite de mes compagnons et de tâcher de regagner, dans la mesure du possible, le temps perdu.

J'entrai donc dans le premier hôtel venu; mais hélas! comment me faire servir promptement dans un lieu où il m'était impossible de me faire comprendre, et où je ne pouvais saisir un mot de ce que la patronne de l'établissement me disait? Car j'étais absolument seul dans la modeste salle où je m'étais présenté, une salle de café plutôt que d'hôtel, et la patronne était seule aussi, ce qui s'explique parfaitement vu l'heure singulière à laquelle je me faisais servir à déjeuner. J'étais en proie à une agitation fébrile, et c'était chez moi un effroyable salmigondis de gestes, de signes, de mouvements épileptiques et de sons inarticulés.

L'excellente dame que le hasard mit ainsi en rapport avec moi était pleine de bonne volonté et, en réalité, elle ne fut pas longue à comprendre l'objet de mes désirs, car dans tous les pays du monde, il n'est nul besoin de gestes compliqués pour exprimer que l'on aspire à satisfaire son appétit, tant au point de vue de la faim que de la soif. Mais c'est quand je voulais lui expliquer la situation où je me trouvais et combien j'avais peu de temps à consacrer à la réfection de mon estomac, que la difficulté était insurmontable. Mes mouvements épileptiques ne lui disaient rien. Enfin je fus servi.

Pendant mon déjeuner précipité, un client arriva. Il ne comprenait toujours pas le français; pourtant j'arrivai assez vite à le mettre au courant de la situation, et lui-même parvint à me faire comprendre, détail que je ne sus qu'à ce moment, que trois routes conduisaient d'Oppenau à Kniébis, et que si je voulais prendre la plus longue et la meilleure, je devais prendre celle qui se trouve à l'entrée de la ville et dont j'ai parlé au début du chapitre précédent.

Je profitai également de ma présence dans l'hôtel pour donner de mes nouvelles à tous ceux qui n'allaient pas tarder à apprendre ma mésaventure.

Je pensai bien à envoyer un télégramme à Suberbie, car à mes compagnons, il n'y fallait pas songer. Où étaient-ils? à quel hôtel descendraient-ils? Mais, hélas! à Suberbie lui-même je ne pouvais rien dire. Par un oubli incompréhensible nous nous étions séparés à Strasbourg sans nous donner le nom de l'hôtel où il devait descendre à la fin de l'étape.

Alors je me tins le raisonnement suivant que la suite des événements devait pleinement justifier: «Suberbie et mes compagnons continueront, malgré mon absence, à envoyer des télégrammes au journal le *Vélo*. De mon côté, je vais télégraphier au *Vélo* où je suis et ainsi ce journal, sachant la position respective de chacun de nous, servira d'intermédiaire et pourra renseigner Suberbie; c'est ce qui arriva.

J'envoyai aussi un télégramme à ma famille qui se trouvait à Marseille, afin que lorsque les journaux raconteraient ma perte dans la Forêt, elle fût déjà au courant de l'heureuse issue de l'aventure. C'est également ce qui arriva, de point en point, sans quoi on juge de l'inquiétude où elle eût pu se trouver, malgré le caractère un peu drôlatique de l'histoire; mais c'est un point sur lequel une mère ne saurait s'arrêter en présence du moindre danger possible pour l'un des siens.

Toutes ces opérations terminées, je pris congé de mon aimable hôtesse et je quittai définitivement cette fois la ville d'Oppenau, non sans avoir pris la précaution de me faire conduire par un jeune garçon du pays sur la route même qui m'était indiquée. Il était trois heures et demie environ. La route était belle et le temps toujours magnifique. Je pus donc calmer mon système nerveux en pédalant à toute vitesse vers Kniébis. J'avais encore une fois à franchir la montagne à travers la forêt, mais je n'avais plus aucun doute sur le chemin à suivre, d'autant que ma route était d'une largeur rappelant les plus superbes de nos routes nationales françaises. Longtemps je pus rouler sur ma machine, car la pente était faible encore; mais elle ne tarda pas à s'accentuer et force me fut d'aller à pied.

Cette fois plus de variations dans l'inclinaison du terrain: c'était une côte de douze kilomètres que je dus faire à pied, sans que le moindre adoucissement de la pente me permît même un repos de quelques instants sur ma bicyclette et par suite une accélération du mouvement.

Jamais, je crois, marche ne me fut plus pénible. Pas de préoccupations de route, heureusement, mais obligé d'aller avec une énervante lenteur pendant deux heures et demie qui me parurent des siècles, quel énervement!

De temps à autre un passant, un bûcheron, un cantonnier rencontréssur mon chemin m'annonçaient les kilomètresqu'il me restait à faire pour parvenir au sommet de la montagne. Hélas! jamais ce sommet n'arrivait. Ma situation était à ce moment douloureusement compliquée d'une souffrance de l'estomac, causée par le retard apporté à mon déjeuner à la suite de mes mésaventures. J'en étais à me dire: «Arriverai-je jamais au sommet de cette montagne que je voue de toute mon âme aux dieux infernaux? Fatale montagne, forêt méphistophélique, cause de tout le mal. Et cette ville maudite, cette ville de Kniébis, je n'y parviendrai donc pas? Je la croyais à vingt kilomètres d'Oppenau, nous devions y arriver à dix heures ce matin; il est quatre heures de l'après-midi et je n'y suis pas encore. J'ai tourné autour d'elle, là-bas, dans ce labyrinthe inextricable; oui, j'ai dû l'approcher, à quelques centaines de mètres peut-être, qui sait? et je n'ai pu l'atteindre. Quel esprit animé de toutes les haines des anges déchus a donc juré de dérober à ma vue cette ville damnée?»

Et je montais toujours, en proie à ces réflexions bizarres, traînant la jambe et poussant ma petite Gladiator. Ainsi que dans les Vosges, la route montait en lacets; il y en avait toujours.

Le murmure d'une source attira mon attention; je m'arrêtai, bus à longs traits, m'inondai le visage et les mains. Ce fut une résurrection, mais il fallait monter sans fin, monter encore, monter toujours. Une charrette passa, descendant la montagne. J'étais en proie à des sentiments si affreusement pénibles, à un malaise physique si insupportable qu'un instant, la pensée me vint de demander au charretier la permission de me jeter dans sa charrette pour retourner encore une fois vers Oppenau. «Mais non, mais non, me dis-je, dans un moment de réaction, cette marche endiablée aura une fin. Du courage! Par la barbe des sapeurs de la Grande Armée, qui jadis franchirent cette forêt obscure, je parviendrai au sommet et à cette ville de Kniébis, où le diable en personne doit habiter, c'est certain.»

Je montais à pas lents. Un cantonnier m'assura que j'en avais encore pour cinq kilomètres. Hélas! la côte se déroulait toujours, tandis que le soleil s'abaissait à l'horizon.

J'étais bien sur la route de Kniébis, nul doute à ce sujet; un dernier cantonnier, rencontré au moment où la voie s'aplanissant m'annonçait enfin que j'arrivais au sommet de la montagne, me le déclara très clairement. Même, ce qui acheva de rendre à mon âme affaissée toute son ardeur, une borne kilométrique m'apparut, sur laquelle, pour la première fois depuis ma séparation d'avec mes compagnons de route, se détacha en lettres magnifiques, oh! combien magnifiques elles me semblèrent, ce mot: Kniébis.

Je m'élançai, ressuscité, en proie à une folle ardeur, sur ma frémissante machine; en quelques coups de pédale, j'arrivai au centre d'une immense clairière en forme d'esplanade où s'élevait un vaste bâtiment de gardes forestiers, sans doute. J'étais bien au sommet. En effet, au delà de l'esplanade, devant moi, j'aperçus la route qui commençait à suivre une pente descendante. Je m'y élançai aussitôt, les mains placées au milieu du guidon, au sommet de la direction, dans une position analogue à celle du jockey au moment où le cheval va prendre son élan.

J'ai dit, je crois, qu'après Kniébis la ville que j'avais à traverser se nommait Frendenstadt. Or voici ce qui arriva, événement fort explicable sans doute, mais qui après tout ce que j'ai rapporté dut, tous le comprendront, me paraître absolument extraordinaire et sembla justifier toutes mes imprécations sur cette ville de Kniébis que j'accusai d'être la ville du diable.

Je m'élançai donc vers la route descendante que j'avais aperçue, la seule existante, du reste, et qui faisait suite à celle par où j'étais arrivé; une nouvelle borne kilométrique m'apparut portant le nom de Kniébis à un kilomètre.

«Cette fois, pensai-je, ce séjour infernal, je le tiens.»

Je continuai ma route à grande vitesse. J'allai quelque temps ainsi, je traversai une nouvelle clairière où se produisit un petit événement que je rapporterai tout à l'heure, puis une nouvelle borne m'apparut. Cette fois, la borne kilométrique portait «Frendenstadt» à dix kilomètres.

«Pour le coup, me dis-je, c'est trop fort. Ainsi Kniébis est passé, et je n'ai rien aperçu. Quand je disais qu'un génie malfaisant voulait dérober cette ville à ma vue!»

Et je poursuivis ma route sans avoir vu cette ville mystérieuse. Mais, comme si le diabolique devait remplir cette partie de mon voyage, en réfléchissant, je calculai, d'après les bornes kilométriques, que la position de Kniébis avait dû être juste à l'endroit de la clairière où s'était déroulé le petit événement auquel j'ai fait allusion, et que le chapitre suivant va faire connaître. Sans doute un chemin de traverse partant de là devait conduire à Kniébis qu'un simple rideau d'arbres cachait, je le suppose, à mes regards.

XI

LE BARBET DU DOCTEUR FAUST OU LA MORT DE MÉPHISTO

Lorsqu'un homme a subi une foule de mécomptes, qu'il s'est vu contrarié par un mauvais sort acharné à le poursuivre, et que soudain il voit arriver la fin de ses ennuis, il se produit en lui une détente immense qui transforme son être, mais il lui reste comme une sorte de rancune contre la destinée, oh! une rancune de peu de durée, il est vrai, mais à laquelle il faut toutefois laisser le temps de se dissiper, sans quoi l'homme la dissipera lui-même en exerçant sa vengeance contre celui, celle ou ceux qu'il croira les auteurs de ses maux.

Dans les mésaventures successives qui avaient traversé mon odyssée depuis mon entrée en Allemagne, ne m'étais-je pas pris à invectiver un prétendu mauvais génie accroché à moi comme à sa proie? Dans les tourments de l'âme, on est si aisément disposé à personnifier le sort adverse, en se le représentant comme un ennemi personnel! Il semble qu'ainsi on puisse se mieux soulager en le prenant directement à partie comme on le ferait avec une créature vivante, ou en tirer, le cas échéant, plus sûrement vengeance.

Tel était donc mon état d'esprit au moment où, arrivant à la crête de la montagne, je compris que mes démêlés avec la Forêt allaient finir; et, quand je commençai à descendre, j'achevais mentalement de lancer à mon ennemi inconnu mes dernières invectives.

Tout à coup, juste au moment où je débouchai dans la clairière où la mystérieuse Kniébis devait se trouver, suivant l'idée que je m'étais faite de sa position, et comme si les pensées dont j'étais plein devaient recevoir leur justification, tout à coup, dis-je, apparut devant moi une créature que ma colère devait naturellement me prédisposer à considérer comme l'incarnation de mon mauvais génie.

Sans doute, dans cette patrie du grand poète Gœthe, l'animal qui, sortant d'un fourré, se dressa devant moi, dut m'apparaître comme le barbet dans le cabinet du docteur Faust, barbet qui n'était autre que Méphistophélès; le diable en personne.

Ce chien malencontreux tombé juste sur ma route dans un pareil moment! Quel sort fâcheux! J'ai dit déjà que la race canine était l'ennemie née des cyclistes. Un représentant de cette race est déjà mal venu quand on voyage à bicyclette. Que dire de celui-ci dans une semblable occurrence?

Dès que je l'aperçus, ce fut une explosion: «Ah! le voilà, m'écriai-je, le génie infernal qui en veut à ma personne; mais c'est lui, c'est le diable en chair et en os! Et voyez c'est un barbet; par tous les chiens de cette forêt ténébreuse, est-ce qu'il va m'apparaître, comme à l'amant de Marguerite, sous les traits de Méphisto? Oui, c'est lui, la cause de tous mes maux. Approche, approche, bête digne de tous les supplices inventés par la fertile imagination du poète florentin, je t'attends.»

Mais le nouveau Méphisto n'avait nul besoin de mon appel pour accourir vers moi. A vrai dire le prétendu «satanisme» de ce malheureux chien ne pouvait naturellement suffire à me le faire considérer comme un ennemi, et bien que son seul caractère de chien aboyant eût été un motif autrement sérieux de m'exciter contre lui, je n'eusse cependant pas encore cédé à l'envie de le traiter en ennemi dangereux, si par son attitude il n'eût justifié ma résolution.

Il s'élança vers moi, dis-je, et s'acharnant après mon innocente personne, il ne voulut pas me lâcher, il semblait furieux.

Je l'ai dit, ce chien tombait tout à fait mal. Vraiment on eût dit qu'il tenait à justifier mes imprécations et que, possédé du diable, il voulait arrêter sa proie prête à lui échapper.

Alors, après avoir essayé vainement de l'éloigner, je signai son arrêt de mort.

«Qui que tu sois, pensai-je, en entendant les aboiements enragés du barbet méphistophélique, un mauvais génie de cette mystérieuse forêt, un bandit dont le dieu de la métempsycose cache sous tes traits l'âme damnée, ou le diable en personne, qui que tu sois, dis-je, chien, femme ou démon, tu vas mourir.»

Et ce disant, je me saisis de mon revolver, arme dont je ne me sépare jamais, surtout dans des expéditions lointaines. Je m'assurai qu'il était chargé.

Pour bien frapper un chien lancé à votre poursuite quand vous êtes à bicyclette, il faut qu'il coure à votre droite, surtout pour ceux qui, comme moi, tiennent plus aisément leur guidon de la main gauche. Ayant le revolver à droite, l'animal courant du même côté se trouve à bout portant. Justement il courait sur ma gauche.

J'attendis un instant pour voir s'il changerait de côté, attente dont j'eusse pu me dispenser, que je donnai à mon ennemi comme dernière minute de grâce, et que je signale enfin aux nombreux amis de ce gardien fidèle de l'homme, pour leur montrer que je ne me laissai pas entraîner par une cruauté irréfléchie.

Mais mon ennemi s'acharnait; il accompagnait ses aboiements d'un grognement de rage en essayant d'approcher de ma jambe sa gueule aux crocs aigus. Maintenant toute espèce d'animosité antidiabolique était tombée; je ne vis plus près de moi qu'un chien stupide qui risquait d'occasionner pour moi une chute dangereuse, ce qui eût été un joli couronnement de mon aventure dans la Montagne Noire, et je n'hésitai pas à me servir de mon arme.

L'infortuné barbet persistait à courir à ma gauche. Je fis donc avec le bras un arc sur le devant de ma poitrine, et j'attendis une seconde afin de viser juste et de ne pas être moi-même victime de ma maladresse. Il y eut aussi dans ce dernier instant d'attente comme un suprême sentiment de pitié pour ce chien qui allait être sacrifié aux mânes de la vengeance. «Peut-être, me dis-je, va-t-il «sentir» l'arme et va-t-il s'enfuir.» Non! il était vissé à ma poursuite comme la queue d'un dromadaire l'est à celle de cet animal.

Je pressai la détente et la forêt silencieuse brusquement retentit du coup de feu.

Le chien avait été touché et bien touché, car un long gémissement suivit la détonation.

Bien qu'à ce moment mon allure, qui n'avait jamais cessé d'être rapide durant cette scène, tant à cause de l'inclinaison du terrain que du désir d'échapper aux crocs de mon ennemi, le fût encore davantage aussitôt après le coup de feu, je me retournai complètement pour voir ce qu'il allait advenir de mon exécution.

L'infortuné barbet s'était, en gémissant, arrêté net, puis, faisant demi-tour sur sa gauche, il s'était dirigé vers la forêt, mais il avait laissé sur la route une traînée de sang. Je commençai à regretter mon action un peu vive, mais il semblait que toutes les circonstances et la fatalité même m'eussent amené à cette regrettable extrémité.

Je suivis encore un instant du regard la trace de ce chien qui s'était présenté à moi comme une évocation de tous les mauvais esprits de la montagne; je le vis, tandis qu'il poussait encore quelques faibles gémissements, s'enfoncer dans le bois en ralentissant son allure chancelante.

Tel est l'événement, tragique, on le voit, qui eut pour principal théâtre la vaste clairière près laquelle Kniébis devait se trouver, et qui contribua sans doute à m'empêcher d'apercevoir les approches de cette ville située, je l'ai dit, au sein de la forêt.

XII

UNE TAVERNE ALLEMANDE

Un désir inouï de marcher, marcher, sans regarder cette fois derrière moi, me resta après la scène de la clairière. Je n'étais plus possédé que d'un besoin de locomotion qui pénétrait tout mon être. Je m'avançais dans la direction de Stuttgard. Cette ville, où suivant mon tableau de marche j'aurais dû arriver ce jour même (25 avril) vers trois heures de l'après-midi, j'espérais y arriver le soir fort tard; je l'espérais sans beaucoup y compter, et en réalité je n'y parvins que le lendemain matin; j'étais donc d'une bonne demi-journée en retard, la demi-journée de la Forêt.

Quant à mes compagnons, ignorance toujours complète de leur situation. Qu'étaient-ils devenus? où étaient-ils? m'avaient-ils attendu? m'attendaient-ils encore quelque part?

On verra bientôt qu'après m'avoir attendu quatre heures à Kniébis, désolés, désespérés, convaincus qu'il m'était arrivé un accident, ils s'étaient séparés, eux aussi en proie aux plus singulières mésaventures. On cherche des combinaisons pour corser l'intérêt d'un roman; on ne tardera pas à se convaincre que la réalité dépasse toujours en déconcertante bizarrerie ce que l'imagination la plus fertile peut inventer.

J'allai donc ainsi, ignorant ce qui avait pu advenir après la séparation d'Oppenau; le soir arrivait, le ciel prenait à l'horizon des teintes couleur orange avec un prolongement d'opale annonçant que le temps ne voulait pas se gâter encore. Quelques nuées basses pourtant et sombres se profilaient en grimaçant sur ce fond clair. Les courants d'air allaient diminuant, comme il arrive presque toujours à mesure que le soleil s'abaisse sur l'horizon. La température avait cette tiédeur des soirs d'été, tiédeur un peu lourde et orageuse que je ressentais vivement à cause de la rapidité de mon allure. La forêt était silencieuse; le sommet des massifs de pins, d'un vert foncé, prenait sous le rayonnement céleste des teintes mordorées, tandis qu'au-dessous la nuit complète se faisait. J'allai de plus en plus vite, tant la route était belle, la température délicieuse, la nature resplendissante et calme; j'arrivai à Frendenstadt, commençant à ressentir violemment dans mon gosier les effets d'une marche rapide. Je m'arrêtai dans Frendenstadt une seconde pour absorber une formidable chope de bière, boisson peu recommandée aux cyclistes, mais que les circonstances, mon état physique, sa qualité en somme me faisaient toujours trouver incomparable.

En avant! je m'élançai sur la route qui m'était indiquée, et hors de la forêt cette fois, me retrouvant enfin dans la vaste campagne; penché sur mon guidon, je roulai, à toute vitesse, essayant de dévorer l'espace.

Maintenant, je savais parfaitement exprimer ces mots en allemand: «Suis-je bien sur la route de telle ville?» Aussi je ne pouvais rencontrer un être vivant sans lui adresser cette question, tant la crainte de me perdre une seconde fois était vive. Pourtant, à la ville suivante, où j'arrivai en coup de vent, je me trompai, mais dans les rues seulement. Dix fois, j'allai, je revins, je retournai. Plusieurs habitants, à la fin, se lançant dans des explications, m'indiquèrent une avenue. Paf! j'allai me heurter à la gare du chemin de fer qui formait cul-de-sac. Alors, apercevant un officier prussien, je m'adressai à lui, me disant: «Celui-là me renseignera.»

Avec une courtoisie extrême, voyant que j'étais Français et que je ne comprenais pas un mot d'allemand, il m'expliqua longuement, au moyen d'une mimique très expressive, le chemin que je devais suivre pour me rendre à Stuttgard. Je le remerciai vigoureusement et, suivant les indications très précises de l'officier, je me retrouvai sur la route. Le jour baissait de plus en plus. Il était sept heures et demie. Je roulais toujours à la plus grande vitesse possible, convaincu que je n'arriverais jamais ce même soir à Stuttgard. J'avais devant moi Altensteig, Nagold, Herremberg, enfin Stuttgard.

«Après avoir dîné dans le premier village, pensai-je, je continuerai ma route et je m'arrêterai où je pourrai.» Le côté désagréable de l'affaire, c'est que les massifs de pins recommençaient et allaient maintenant achever de rendre affreusement épaisse l'obscurité de la nuit.

Il était tard quand j'entrai dans le premier village. Un four, un vrai four. Ma faim était ardente. Je me demandai un instant si je pourrais la satisfaire dans ce bourg d'une très faible importance. Pourtant j'avais déjà constaté à quel point toutes ces bourgades de l'Allemagne sont civilisées et, contrairement aux villages espagnols, assez bien montées comme auberges.

Me voici sur la place principale du village où on patauge dans un fumier épais. J'erre un instant au milieu de ce trou noir, quand, tout à coup, je me trouve face à face avec un gars du pays, de dix-huit à vingt ans. Il n'a pas l'air d'avoir inventé le fil à couper le beurre, ce fils des Teutons. Il me regarde sans mot dire.

—Hôtel? lui dis-je, sur un ton très interrogateur.

Je ferai remarquer en passant que si je me suis servi en l'occurrence de plusieurs mots français, c'est que je savais leur quasi-intronisation dans le langage courant, en Allemagne.

A cette interpellation, le jeune Teuton resta aussi muet que le prophète hébreu quand il vit l'âne de Balaam se mettre à parler.

Je répétai:—Hôtel?

Même mutisme absolu. Je dévisageai mon bon jeune homme en allongeant quelque peu ma phrase:

—Hôtel? restaurant? restauration?

Je me serais adressé au premier caillou rencontré sur mon chemin que mon interpellation eût obtenu exactement le même succès. Jamais navire blindé n'avait conservé pareille impassibilité en présence d'un avorton d'obus.

Je commençai à renforcer mon explication orale d'une mimique indiquant bien l'objet de mes désirs. En répétant: hôtel? restauration? je fis, de la main, le geste d'un homme qui mange, puis qui va dormir.

Le jeune campagnard, dont l'intelligence avait été sans doute jugée pour lui par le Créateur un meuble inutile, continuait à me considérer d'un air tellement ahuri que je me demandai si réellement il jouissait de toutes ses facultés. Puis je réfléchis: «Qui sait? Peut-être se fait-il à mon sujet juste le même raisonnement, et me trouve-t-il parfaitement grotesque, tant nous sommes portés à considérer notre propre entendement comme le grand, universel et infaillible critérium.» J'insistai toutefois, mais en me laissant aller à une vive impatience, que j'exprimai en français; je n'eusse pu m'impatienter autrement:

—Enfin, mon garçon, dis-je au rocher qui s'était présenté à moi sous la forme d'un être humain, c'est pourtant clair ce que je dis là: hôtel, restauration, auberge, quoi, un endroit où on mange et où on dort (je refaisais toujours ma mimique; ces gestes-là se comprennent dans tous les pays). Pas un, ici? non, rien, rien du tout, on couche dehors, dans votre diable de pays!

Toujours aussi bruyant qu'une motte de terre congelée, le Teuton!

Mais le bruit de ma voix avait attiré une jeune fille qui semblait souffrir beaucoup à porter un énorme seau d'eau. Elle s'approcha et, d'un seul coup d'œil, comprit ce que je désirais. Elle me désigna du doigt une auberge: elle n'était pas située à plus de quarante mètres. Le garçon, voyant ce que la jeune fille me désignait, avait compris, lui aussi—il était un peu tard—et esquissant lourdement un geste, il confirma celui de la jeune paysanne, geste fâcheux pour l'opinion que je me formai de son auteur, dont le mutisme était bel et bien dû à l'état pitoyable de ses facultés intellectuelles et non de ses facultés physiques.

J'entrai dans l'auberge, après avoir introduit ma petite bicyclette dans un couloir étroit et obscur donnant sur le dehors. Puis je grimpai des escaliers conduisant au premier étage.

On me fit entrer dans une salle mal éclairée, assez vaste, rectangulaire, bien carrelée, mais au plafond bas et aux murs sales. Contre un des murs une table allongée, en bois, avec un banc, comme dans nos auberges de province. Ailleurs des tables plus petites, carrées. Dans toute la pièce une odeur de bonne cuisine, de cuisine saine, campagnarde, bien nourrie.

Autour d'une des tables carrées, quatre solides paysans buvaient de la bière dans leurs chopes énormes, au couvercle d'étain rivé au verre. Ils étaient là, sans rien dire, sans rien faire; ils semblaient accomplir un devoir civique. Ils buvaient de temps à autre, par gorgée, c'était tout. Les soucoupes s'empilaient devant eux, mais ce détail les inquiétait peu, évidemment; ils savaient bien que toutes ces soucoupes entassées ne représentaient qu'une somme modique. A une autre table, deux autres campagnards et une femme, mais plus jeunes.

La même besogne les occupait; toutefois, ils parlaient par instants, on entendait leur voix sourde et gutturale de Teuton, sans emportement, toujours égale.

De minute en minute, le patron, comme un mécanicien qui régulièrement fait un mouvement pour exécuter son office, apportait sans commandement, car le client n'a qu'à laisser le couvercle de sa chope relevé pour faire connaître son intention de continuer la manœuvre.

A mon entrée dans cette taverne villageoise, il n'y eut qu'un insignifiant mouvement.

Deux ou trois des clients tournèrent légèrement la tête de mon côté. Ils me regardèrent assez longtemps, mais là, simplement, par nonchalance, avec ce regard atone et indifférent de vache fatiguée.

Le patron, plus alerte, s'occupa tout de suite et avec empressement de ma personne. Je m'assis à la table longue et aussitôt je fis comprendre à mon hôte l'objet de mon désir. Il parlait un peu le français, mais mal, et me pria de m'exprimer avec beaucoup de lenteur, afin qu'il pût saisir vite le sens des phrases. Je lui dis qui j'étais, où j'allais, comment j'avais perdu mes compagnons, ce qui parut l'intéresser fort, et j'ajoutai que je désirais être servi très vite afin de repartir dans le plus bref délai possible.

—Qu'avez-vous à me donner? lui dis-je.

Mais, à peine avais-je posé cette interrogation que, comprenant à la manière dont le brave homme se comportait, que je risquais de coucher dans l'établissement, je me levai et déclarai:

—Attendez! je vais vous dire ce qu'il faut me donner.

Et sans autre préambule, je me dirigeai vers la cuisine que j'avais entrevue au moment de mon entrée dans la salle d'auberge.

Elle était, la cuisine, remplie presque en son entier d'un énorme fourneau d'hôtel où tout chauffait, cuisait, bouillonnait, remplissant l'atmosphère d'une épaisse buée très chaude et d'une odeur en la circonstance des plus agréables. Au-dessus du fourneau une marmite formidable, une cuve, débordait en gros bouillons alourdis par une appétissante écume.

—Voyez-vous, dis-je au patron, donnez-moi de cette soupe-là pour quatre. Je ne sais de quoi elle est faite, ça m'est égal; puis une omelette, du jambon et du pain. Tout de suite, tout de suite.

La patronne du lieu, qui présidait à cette ronflante cuisine, avait compris à mes gestes et même à ma parole, car omelette est un mot allemand et français, et se démenant aussitôt avec vigueur, m'apporta rapidement ce que j'avais demandé. Connaissant même ma nationalité, ces braves gens m'avaient apporté un carafon de vin rouge, que je conservai pour mon dessert; mais je leur réclamai leur excellente bière, en les complimentant même sur la qualité vraiment exceptionnelle de cette boisson en Allemagne.

Pendant ce dîner rapide, le patron s'était assis près de moi. J'en profitai pour lui demander la distance des villes prochaines.

—Herremberg, demandai-je, est-ce bien loin?

—A une quarantaine de kilomètres, me répondit-il.

Cette distance m'effraya, seul le soir, avec ma mauvaise vue, par des chemins qui commençaient à redevenir médiocres. Un instant, dans la douce résurrection de mon individu sous l'influence de cette bienfaisante nourriture, engourdi dans l'atmosphère pénétrée de parfums appétissants de cette salle d'auberge, je me dis:

«Si je restais ici! Je repartirai demain matin, dès les premières heures de l'aurore.»

—C'est bien loin, Herremberg, dis-je au patron, comme pour chercher un conseil; puis les routes sont mauvaises.

—Ah! c'est loin, pour s'en aller le soir; les routes ne sont pas trop mauvaises pourtant, non, mais vous n'êtes pas encore arrivé.

Pourtant, rester là m'ennuyait fortement. Quelle pitoyable journée de marche! Cinquante kilomètres de Strasbourg à Oppenau, trente-cinq kilomètres d'Oppenau à Frendenstadt, je ne parle pas de mon odyssée dans la Forêt Noire, comme marche ça ne comptait pas, puis quoi! peut-être vingt-cinq ou trente kilomètres depuis Frendenstadt. C'était lamentable.

Alors je me dis: «Mais au fait, tant pis, je coucherai dans une localité moins importante, voilà tout! Si je partageais la poire en deux?»

Et le patron m'ayant indiqué Nagold comme situé à une vingtaine de kilomètres, je payai mon écot, saisis ma machine toujours prête à marcher, elle, toujours pimpante et frémissante, et je m'élançai à nouveau sur la route.

Mes vingt kilomètres me parurent quelques secondes à peine. Aucun incident à signaler. De temps en temps toutefois, des passants, assez nombreux sur ce parcours, surpris par mon passage en manière de chauve-souris, poussaient une violente exclamation ou me lançaient quelque apostrophe, que je ne comprenais pas naturellement, mais que, par comparaison avec les saillies de mes concitoyens, je devais juger extraordinairement spirituelle!

Dès mon arrivée à Nagold, un groupe de jeunes gens attardés à causer à l'entrée du village m'indiquent un hôtel. Au rez-de-chaussée, un petit café assez coquet. Le patron, plus empressé encore que l'autre, me sert quelques biscuits, et, circonstance assez curieuse, il semble me servir comme s'il me connaissait ou m'attendait. Je fais cette remarque sans toutefois y attacher d'importance, supposant simplement chez ce patron un air particulier que j'interprétais mal, car je ne pouvais imaginer autre chose pour le moment.

Cette fois je suis décidé à me coucher. On me fait monter au premier étage et je déclare vouloir être réveillé à trois heures du matin.

A peine seul dans ma chambre, je fais une constatation désagréable: «Tiens, mais le lit n'est pas fait! Pas de draps, rien!»

Je crus réellement que le lit n'était pas fait; j'ai su par la suite qu'il en était ainsi dans les auberges allemandes. On couche entre deux couvertures. Pas difficiles, les Teutons!

«Bah! me dis-je, le lit n'a pas été préparé. Tant pis! ou plutôt tant mieux! Je vais en profiter pour dormir tout habillé, de sorte qu'en me levant demain matin, ma toilette ne traînera pas.»

Et fatigué, assommé, brisé par cette journée de marche à travers la Montagne Noire, en proie aux plus violentes émotions, je me jetai sur cette couche primitive où je ne tardai pas à me trouver plongé dans un sommeil réparateur.

XIII

LA SOUBRETTE DE STUTTGARD

A l'heure prescrite, un coup discret du garçon d'hôtel me fit ouvrir les yeux. Les volets étaient clos. Soudain, un certain bruit venu du dehors me causa une violente émotion et me fit m'écrier: «Ma malechance me poursuivrait-elle encore aujourd'hui dès mon réveil?» C'était comme un crépitement de pluie torrentielle, comme si le ciel s'était fondu en eau sur le village de Nagold: «Pas de doute, c'est un déluge. Ah! c'est joli, me voilà bien; grand saint Roch, patron des mariniers, tu me prends pour un des tiens!»

Je me dirigeai vers la fenêtre et repoussai les volets; une lune toute ronde inondait la campagne de sa lumière blanche:

«Tiens! tiens! voilà qui est singulier. Temps magnifique, une lune ronde comme un fromage du Berry. Ça va bien!»

Et, en me penchant à la fenêtre, je vis que le bruit était produit par le jet violent et sonore d'un robinet de fontaine publique qu'un matinal villageois avait ouvert.

J'étais tout habillé, le départ ne fut pas long.

A trois heures et demie du matin, tout était désert. Une humidité froide était répandue partout. La terre, les arbres semblaient suinter de la rosée. Une brume épaisse surplombait les bas-fonds de la campagne. Je grelottais. Le sol était presque boueux tant l'atmosphère était saturée d'eau. Autour de moi, calme absolu, nul bruit, nul souffle. C'était un engourdissement des êtres et des choses dans ce sommeil du matin où tout s'entrevoit dans le brouillard du rêve, brouillard glacé que les rayons de la lune illuminaient d'une lumière de sépulcre.

Des gouttelettes ne tardèrent pas à perler sur mes vêtements. On eût dit que j'avais reçu sur les épaules une de ces pluies fines d'hiver qui vous pénètrent jusqu'aux os. J'étais trempé. Pourtant mon gros maillot de laine me protégeait comme une chaude cuirasse, mais mon dolman était maintenant pénétré de rosée, comme tous les objets sous mes yeux. Il pleuvait sous les arbres, tant l'humidité tombait épaisse.

Je rencontrai une longue, très longue côte. Je la montai très vite pour me réchauffer.

L'aurore apparaissait maintenant. Devant moi, l'horizon, d'un bleu profond, prenait une teinte laiteuse aux bords légèrement rosés; puis, dans toute son étendue, le ciel se colora d'un gris clair, et tandis que l'éclat de la lune faiblissait, les constellations se dérobaient, comme honteuses, derrière un voile lumineux.

La blancheur du ciel à l'Orient alla bientôt s'accentuant, formant un gigantesque arc de cercle dont le dernier reflet atteignait l'extrémité opposée de l'horizon. Maintenant des teintes d'opale, de rose nacré se montraient dans ce rayonnement céleste qui annonçait le grand astre, source de vie, de chaleur et de lumière. Puis une bordure étroite, d'un rouge sanglant, dentela l'horizon.

C'était le grand jour. Les oiseaux s'éveillaient. Je roulai plus vite, le froid étant vif encore.

Soudain, comme je fixais toujours la ligne rouge, séparant en étroite bordure le ciel de la terre, une pointe de feu éclata, superbe, fulgurante, lançant des lueurs d'or au sommet des montagnes derrière moi. Puis le globe écarlate du soleil émergea, et, s'égrenant en cascades de flamme, inondant le monde de longs flots de lumière et de chaleur, se dégagea des vapeurs roses de l'orient pour s'élancer une fois encore à travers l'immensité bleue.

Je traversai, sans m'arrêter, la ville d'Herremberg, où j'avais espéré arriver la veille, puis deux centres moins importants, Ehningen et Boblingen. Je n'avais plus dès lors qu'une ville en vue: c'était Stuttgard, à dix-neuf kilomètres, cette fameuse Stuttgard, où j'espérais trouver enfin des nouvelles de mes compagnons de route; et pourtant j'étais inquiet encore, car où aller dans cette grande ville n'ayant pas de rendez-vous ni de nom d'hôtel?

Le chemin devenait de plus en plus détestable, mais j'allais, emporté par l'idée de savoir enfin ce qu'il était advenu de Blanquies, de Willaume et de Chalupa. Je ne pouvais rencontrer un passant, un charretier, qui que ce fût, sans lui lancer ces quelques mots en allemand: «Chemin de Stuttgard?» tant je craignais de m'égarer une seconde fois.

Mais l'état du chemin devenu presque invéloçable ne me laissait guère de doute sur son identité, sachant comment sont les routes en général aux approches des grandes villes. Rien n'apparaissait cependant à l'horizon, très ondulé devant moi. Je dus franchir une ligne de train-tramway, sans qu'aucun amas de maisons apparût à mes regards. Il était huit heures et demie du matin à peu près. Dieu! que c'était long. J'avançais assez vite; rien, rien à ma vue.

Tout à coup le chemin horrible se transforma en une route splendide, d'une largeur de voie romaine, au sol presque blanc, légèrement poussiéreux; puis, comme je me précipitais en avant, cette route magnifique devint à un coude brusquement descendante, tandis que la plaine devant moi s'entr'ouvrait en une vallée immense, avec au centre, développé en sa vaste étendue, le panorama de Stuttgard.

C'était, vue ainsi cette ville, comme un amas confus de cellules grisâtres qu'une nuée de bestioles, une fourmilière, eussent édifiées, et que le plus petit bouleversement naturel eût pu réduire en poussière.

La route devenait une effrayante descente. A mesure que j'approchais de cette ruche humaine, elle allait grossissant de toutes parts. Me voici aux premières maisons, je vais droit devant moi. Je regarde aux alentours pour voir si Suberbie n'aura pas eu l'idée de poster quelqu'un à l'entrée de la ville, afin de se faire reconnaître et de me conduire près de lui. Personne!

J'avance toujours, guidé par l'aspect général des rues et des maisons, vers le centre de la ville, ne me doutant guère des coïncidences singulières qui allaient se produire, et qu'une imagination de romancier eût inventées difficilement.

Me voici dans une magnifique voie centrale.

«Que faire ici? me dis-je; comment trouver sinon mes compagnons, ils ont disparu, c'est évident, du moins Suberbie? Où est-il? Que fait-il? A-t-il laissé quelque part un mot pour moi? Faut-il aller voir poste restante, au commissariat central, au Club vélocipédique?»

Tout en me faisant ces réflexions, j'ai l'idée aussi, c'était la bonne, de me faire indiquer le premier hôtel de Stuttgard. «C'est là, pensai-je, que Suberbie aura eu l'idée d'aller.» C'était vrai, mais je comptais sans ma destinée, ma destinée de malheur.

Je vois un brave homme devant la porte de son magasin. Je m'efforce de lui demander le principal hôtel de la ville. Il comprend bien le mot hôtel; c'est le terme principal qui le chiffonne. Enfin, la lumière se fait, et il m'indique l'hôtel Marquatz, dont je le prie même d'écrire le nom sur mon carnet. Et je m'esquive.

Pendant que je roule à la recherche de l'hôtel Marquatz, je me dis: «Que vais-je faire là, bonté céleste! Suberbie n'y est peut-être pas. Pourquoi courir à travers la ville, pour perdre un temps précieux? Marchons, marchons toujours de l'avant. Je fais un record, ventre-saint-gris; il s'agit d'arriver à Vienne le plus rapidement possible. Je vais entrer dans le premier restaurant venu pour me ravitailler, me faire indiquer la route d'Ulm à quatre-vingt-dix kilomètres plus loin, et disparaître.»

Pendant que ce brusque revirement se produit dans mes idées, je rencontre un vélocipédiste, oh! mais un de ces vélocipédistes que, dans le monde spécial du sport, on désigne par ce terme méprisant, vraiment je ne sais trop pourquoi, de «pédard,» ce qui signifie un homme habillé en simple bourgeois (ou en voyou, alors dans ce dernier cas le terme est bien choisi) et monté sur une machine à caoutchoucs pleins ou creux. Mon homme était habillé en bon commerçant et semblait assez pressé.

Je l'arrête cependant, et m'efforce de lui expliquer mon cas. Le personnage semble très aimable, il sait quelques mots français, hélas! mais combien peu! A mesure que je parle, il s'aperçoit même qu'il n'en sait plus du tout, car il ne comprend rien. Il me demande si je sais un peu d'anglais. English? english?

J'en savais quelques mots. Oh! mais combien peu! Alors, oh! alors, nous voici nous lançant des phrases entrelardées d'allemand, de français, d'anglais. Quel salmigondis, mânes du grand Shakespeare, digne de vos sorcières!

Je demande le Club vélocipédique de Stuttgart. Ma nouvelle connaissance me conduit à deux pas, chez un ami qui est vélocipédiste et qui saura peut-être quelque chose. Rien, il n'y comprend rien. Et penser qu'en ce moment, Suberbie et tout un groupe d'amis m'attendaient dans Stuttgart même, se demandant en quelle partie de l'Allemagne j'avais bien pu échouer.

Et je me répétais: «Un instinct me le dit, Suberbie doit être ici; il m'attend, mais où, où?»

Toujours ballotté avec mon malheureux compagnon, qui semblait maintenant trouver l'aventure assez curieuse, je finis par lui expliquer ceci: «Allons, cette situation ne peut pas durer. Je vais vous prier de me conduire dans un restaurant, n'importe lequel, puis je disparaîtrai, en vous remerciant de votre extrême complaisance.»

Mon noble inconnu, car j'ignorais encore totalement son état civil et sa position sociale, me dit: «Venez, je connais un restaurant près d'ici, et d'ailleurs tout près aussi de chez moi, je vais vous y conduire.»

Nous arrivons. C'est une brasserie assez semblable à nos brasseries germanico-parisiennes. Quand le patron voit que je suis Français, il m'expédie une des jeunes filles préposées au service de la maison, et qui cette fois s'exprime dans le français le plus pur.

Mon aimable compagnon s'est installé auprès de moi et je me fais servir par ma ravissante soubrette. Ah! je ne sais si dans une circonstance normale de la vie parisienne, la jeune personne eût pu attirer mon attention; mais combien attrayante elle me parut quand, à sa physionomie de petit chat qui s'éveille, à sa chevelure fine et blonde, à sa vivacité toute française, elle joignit le pur langage de ma patrie.

Elle semblait enchantée, elle aussi, d'avoir à servir un Français; elle allait, courait, revenait sans cesse, car avec mon compagnon c'était à chaque seconde un mot à se faire traduire. Pourtant nous ne pouvions occuper la jeune fille à nous tout seuls, et tous en étions encore à ignorer exactement nos situations respectives. Lui, pourtant, arriva assez vite à m'expliquer son affaire, tandis que goulûment, en cette atmosphère délicieusement embaumée par le bien-être qui semblait y régner, par mes forces revenues, par la présence de mon idéale servante j'absorbais les mets multipliés qu'elle m'apportait.

Il se nommait Siègle, mon compagnon. C'était un notable commerçant de Stuttgard, qui avait pas mal voyagé, notamment en France, et qui aimait les Français. Il avait adopté depuis quelque temps ce merveilleux moyen de locomotion, la bicyclette, pour ses affaires, mais il ne faisait partie d'aucun club cycliste.

J'avais beaucoup plus de peine à le mettre exactement au courant de toute mon histoire. Elle était, il est vrai, plus compliquée. Tout à coup, me vint une idée lumineuse. A la nouvelle de notre prochain voyage à travers la France, l'Allemagne et l'Autriche, un journal de sport allemand avait publié mon portrait, une fort belle gravure, ma foi, accompagné d'une biographie complète et naturellement de détails sur notre expédition future. J'avais découpé la page et l'avais délicatement pliée dans mon portefeuille. L'idée me vint donc de mettre au jour cette feuille et de la présenter à M. Siègle, ce qui d'un seul trait allait, en ajoutant deux mots d'explication sur ma séparation d'avec mes compagnons de route, le mettre entièrement au courant et de mon identité et de mes aventures.

En effet, cet excellent homme, à la lecture du journal allemand, comprit tout et son amabilité déjà grande en fut décuplée. Aussitôt il me dit qu'on allait se rendre chez lui, qu'il avait un téléphone relié à la ville d'Ulm. On allait donc téléphoner, envoyer en même temps télégrammes sur télégrammes. Ce vélocipédiste rencontré par hasard devenait un ami qui s'intéressait à mon sort au plus haut point. Le génie malfaisant était-il bien mort?

La charmante soubrette, intéressée, elle aussi, en apprenant mes aventures, continuait son service avec une activité qui ne pouvait qu'accroître ma sympathie déjà portée à son comble par tant de prévenances et par les heureuses circonstances dans lesquelles cette jeune compatriote se présentait à moi, compatriote du moins par le langage.

Quand, mon déjeuner terminé, on se sépara, ce furent les promesses les plus formelles d'échanger des photographies. Hélas! quand les jours, les semaines et les mois s'écoulent, le temps, qui détruit tout, emporte les plus profonds souvenirs et les plus solides résolutions. Et pourtant ces lignes tracées par moi montreront à la jeune fille de Stuttgard, si elles viennent à tomber sous ses yeux, que le cycliste français perdu à la suite d'une foule de mésaventures, et qui fut servi par elle, n'a pas oublié sa promesse de rappeler dans un volume son souvenir.

En sortant du restaurant pour se rendre au domicile de M. Siègle, on passa devant la gare. Il était à ce moment neuf heures cinquante environ. Or je devais apprendre le soir même, à Ulm, que Suberbie qui se trouvait à Stuttgard, en même temps que moi et précisément à l'hôtel Marquatz, avait pris le train à dix heures, désolé de ne pas m'avoir encore vu venir. Dix minutes plus tard, et je me rencontrais devant la gare avec lui.

On se rendit donc avec M. Siègle, dans sa maison de commerce, où il téléphona à Ulm, pour savoir si on avait quelques nouvelles, dans les hôtels de la ville, du passage des recordmen français. On n'obtint d'ailleurs que des réponses négatives. D'autre part, j'étais pressé de partir.

Toujours aimable, M. Siègle, qui avait ainsi perdu toute sa matinée, m'accompagna au sortir de la ville pour bien me mettre sur la route royale de Stuttgard à Ulm, et l'on se fit les adieux les plus cordiaux, avec l'espoir si légitime, après une aussi romanesque rencontre, de se retrouver quelque jour.

XIV

JE RETROUVE MES COMPAGNONS

Je quittai donc la ville de Stuttgard à dix heures du matin, le 26 avril, sans avoir trouvé aucun de mes amis et sans avoir, sur leur compte, la moindre nouvelle. Je me creusais la cervelle sans cesse à leur sujet: où étaient-ils? Willaume, lui, continuait sa route, c'était sûr, car enfin il devait chercher à faire le record le plus vite possible. Cependant qui sait? Peut-être préfère-t-il m'attendre? Et mes autres compagnons? Eux, n'ont pas les mêmes raisons de continuer leur route? Que font-ils?

Je ne les ai pas vus à Stuttgard, les trouverai-je davantage à Ulm? Où aller dans cette nouvelle ville? Là encore nul lieu de rendez-vous, pas le moindre nom d'hôtel.

J'allais ainsi, ruminant toujours ces pensées, lorsque je fus distrait par un incident assez drôlatique.

Le chemin était comme d'habitude extrêmement médiocre, et me trouvant en pleine campagne, je fis comme il nous arrive de faire si fréquemment en France: je quittai la chaussée très mauvaise pour rouler sur l'accotement, qui était, au contraire, uniforme à l'égal d'un billard. Mais cette fantaisie, interdite par la police française, l'est également par la police allemande. Je roulais donc complaisamment sur le terrain défendu lorsqu'un cantonnier rencontré tout à coup m'arrêta brusquement.

Ici, une petite parenthèse. Dans notre pays on n'ignore pas que les sévérités des règlements toujours exercés dans toute leur rigueur contre les Français, sont souvent fort atténuées contre les étrangers, lesquels sans doute sont censés ignorer nos lois, règlements, us et coutumes. D'où il résulte que plus d'une fois des Français pris en contravention par des agents de la police ont argué de la qualité d'étranger pour se tirer d'un mauvais pas.

Il doit certainement en être ainsi à l'étranger, et il a dû arriver plus d'une fois que des cyclistes allemands, par exemple, ont argué de la qualité d'étranger pour se soustraire aux mains de la police de leur pays.

Et, en effet, voici ce qui arriva. Je ferme ici la parenthèse.

Le cantonnier, ai-je dit, m'arrête brusquement. Il m'inonde, comme toujours, d'un incompréhensible baragouin, oh! incompréhensible pour moi, je le sais, ne croyez pas que je m'en vante, mais, en cette circonstance très particulière, je devine très bien tout ce qu'il peut me débiter. Il est évident qu'il me dit: «Pourquoi roulez-vous là, vous savez bien que c'est défendu, hein?»... etc.

Je simule l'homme absolument ahuri. Je fais un geste indiquant que je ne comprends pas un mot de ce qu'il me dit, ce qui, du reste, était vrai et ajoute ce mot: Francésé, Francésé!

Alors, je vois ce brave, convaincu que je me moque de lui, que je veux me faire passer pour Français afin de pouvoir me disculper, et il me répond aussitôt: «Nicht, nicht, Francésé!» «Non, non, c'est une blague, vous n'êtes pas Français.»

Cette conviction du cantonnier-policeman m'amuse au dernier point. Pour le convaincre je me mets à prononcer plusieurs mots français, mais il ne veut rien entendre, il croit que je me fiche absolument de lui.

Alors, afin de lui éclairer l'entendement, je lui montre la plaque posée sur la direction de ma bicyclette et qui porte mon nom en toutes lettres, suivi de ces mots: rédacteur au *Petit Journal*, Paris.

A cette vue, mon excellent cantonnier, l'air pas méchant, en somme, me laisse partir. Je dois ajouter du reste, qu'en m'arrêtant, il n'avait point l'air d'un homme décidé à me faire conduire à la guillotine, mais il eut pu sans doute me dresser quelque désagréable contravention, si toutefois j'avais eu la qualité d'Allemand.

Le temps était beau encore, mais extrêmement lourd et orageux. La soif me prit. Grâce à la bière que l'on trouve partout, elle fut vite étanchée. Quel incroyable contraste entre ces cafés de villages allemands, établissements toujours confortables, où l'on vous sert rapidement tout ce que l'organisme physique peut réclamer pour sa reconstitution, et ces pauvres bourgades espagnoles rencontrées au cours de mon expédition à travers toutes les Espagnes. Quand, après l'incident rapporté plus haut, je m'arrêtai ainsi, pour étancher ma soif ardente, j'avais déjà fait un bon morceau de chemin dans la direction de la ville d'Ulm. Le patron de l'établissement me signala Ulm à une soixantaine de kilomètres.

Je continuai mon chemin tout à fait rétabli au physique et au moral. Vers une heure je m'arrêtai dans un village où je déjeunai. Repos délicieux dans une brasserie où le patron, la patronne, et plusieurs clients comprenant qui j'étais, s'intéressèrent à mon sort au plus haut point. Comprenant qui j'étais, dis-je, car à mesure que les journées passaient je récoltais un certain nombre de mots allemands à l'aide desquels j'arrivais à exprimer mes pensées à force de mimique.

Une première coïncidence curieuse, ici, une première nouvelle de mes compagnons. Ces braves gens me racontèrent que deux bicyclistes venant de Paris avaient couché dans leur établissement. C'est tout ce qu'ils savaient.

C'était Willaume, à coup sûr, accompagné sans doute de Blanquies et de Chalupa.

Fatigué la veille et n'espérant pas arriver à Ulm, il s'était arrêté dans ce village, d'où il était parti ce même matin. Or il était une heure de l'après-midi; j'étais donc d'une grosse demi-journée en retard sur lui, toujours la demi-journée de cette fatale forêt.

Après une dépêche expédiée à Paris et rendant compte de mon passage, je continuai ma route, dans cet état de bien-être qui suit toujours un ravitaillement complet. Malheureusement la lourdeur de l'atmosphère augmentait, de gros nuages orageux couraient au ciel maintenant. Ainsi qu'il arrive si fréquemment par le vent d'ouest,—c'était lui qui soufflait,—les nuées ne sont pas longues à s'assembler et à crever en un grain tempétueux. J'activai la marche afin d'arriver avant l'orage à la prochaine ville, celle de Geislingen, située à trente kilomètres en avant d'Ulm, et où allait s'accomplir une de ces rencontres, une des coïncidences incroyables qui font traiter de folles les cervelles de romanciers capables d'en imaginer de semblables.

Me voici à trois kilomètres de Geislingen, les nuées se sont rassemblées en une masse sombre. Le premier frissonnement des feuillages annonce que le torrent va s'abattre; je marche à toute vitesse, pour tenter d'arriver avant la cataracte. Peine inutile. Je suis encore à trois cents mètres de la ville lorsque la bourrasque commence et que s'entrouvrent les écluses célestes. Ce serait folie de poursuivre, je serais comme une éponge; je me précipite dans une maison isolée. Fortune inespérée! C'est une brasserie, un café, une auberge, quoi! Je gesticule, pour n'en point perdre l'habitude, en demandant de la bière.

Le patron, un vieux de la vieille, en blouse bleue, l'air finaud, un air d'antique révolutionnaire retraité, s'approche de moi, tandis que la servante me sert ma chope, et comme je m'efforce d'articuler des phrases teutonnes il me dit dans le langage le plus nettement faubourien: «Vous pouvez parler français, monsieur, je suis de Paris.»

Alors, pendant que la bourrasque fait rage au dehors, il me raconte qu'il a participé aux journées de juin, à Paris, puis qu'après plusieurs aventures, il a fini par venir s'installer dans ce village où il ne fait pas trop mal ses affaires. La pluie diminuant, je manifeste le désir de continuer ma route. «Vous avez trente kilomètres à faire, me dit-il, pour arriver à Ulm, mais je vais vous indiquer un chemin qui vous évitera la traversée de la ville»; et lui-même me conduit jusqu'à l'entrée de Geislingen et me met dans le chemin que je n'avais qu'à suivre pour rejoindre la grande route.

Ce chemin longeant la voie ferrée passe devant la gare, pour retrouver plus loin la route royale. Au moment précis, il était environ trois heures de l'après-midi, où je débouche en vue de la voie ferrée, j'entends le sifflet d'un train arrivant vers la gare. Je m'arrête quelques secondes pour voir passer ce train. Il arrive.

Un spectacle inouï se présente: à une portière, j'ai aperçu un maillot blanc, c'est un cycliste. Il m'a reconnu, car je l'ai vu faire de son côté un mouvement de stupéfaction. Qui est-ce, qui est-ce, bonté divine? Je me précipite vers la gare où le train s'est arrêté, j'entre comme un cyclone, je m'élance vers le quai de la gare. Le cycliste, lui aussi, est descendu: c'est Blanquies, oui, Blanquies lui-même, le Montmartrois en personne. Nous n'avons que quelques secondes, dont nous perdons une bonne partie à nous regarder, sans trouver une parole, tant l'ahurissement que nous cause cette rencontre absolument invraisemblable, nous bouleverse les sens. Mais le train siffle. Blanquies me dit: «Chalupa est là couché sur la banquette, il est très fatigué. Oh! non, oh! non, c'est trop fort, quelle rencontre! Eh bien! voyons, vite à Ulm!»

Mais il faut partir, le train se met en marche. Je crie: «Où ça à Ulm?»

Blanquies me répond, tandis que le train est déjà en route: «Devant la gare!»

Quelle rencontre!!!

Je saisis ma machine, absolument transformé. Enfin en voilà toujours deux! Enfin à Ulm, je saurai donc ce qui leur est arrivé.

Trente kilomètres! ce n'était plus rien. Malheureusement la route était parfois fortement détrempée et je ne pouvais rouler très vite. Mon bien-être physique s'augmentait maintenant d'une immense satisfaction; j'étais tout entier à la joie intense de revoir mes amis, et, comme si mon esprit semblait recevoir un éveil nouveau sous ce coup bienfaisant, je me complaisais au spectacle de la campagne, partout agrémentée de vastes massifs de verdure, et à l'idée que j'allais voir cette ville rendue fameuse par la victoire de Napoléon qui y enferma le général Mack comme dans une souricière. Je ne pouvais oublier non plus que ma route depuis Strasbourg était celle de la grande armée, que le sol où je roulais avait été foulé par les soldats de Napoléon. Je devais d'ailleurs la suivre, cette route, jusqu'à Vienne, en passant par les champs illustres de Hohenlinden.

A cinq heures, j'aperçois la ville d'Ulm située dans une cuvette. Un bruit de clairons frappe mon oreille. Je descends la rampe à toute vitesse. Au moment où ma route, faisant un coude à un croisement, entre dans la ville, deux cyclistes arrivent de mon côté et m'apercevant me jettent mon nom: Perrodil?

Sur ma réponse affirmative, ils m'escortent aussitôt et me conduisent à un hôtel, près de la gare, où ils étaient là, tous, Suberbie, Blanquies, Chalupa, Châtel, l'entraîneur de Mulhouse, qui nous avait quittés après Strasbourg. Ils sont là, entourés naturellement de nombreux cyclistes allemands. Seul Willaume manque à l'appel. Immédiatement Suberbie me met au courant de la situation. «Je l'ai fait partir, me dit-il, en attendant votre avis. Faut-il qu'il entre seul à Vienne, faut-il lui télégraphier de vous attendre?»

Délibération prise, nous décidons de faire l'arrivée tous deux ensemble au but de notre expédition, et un télégramme est expédié à Willaume à Sembach, la frontière autrichienne, lui prescrivant d'attendre là, à poste fixe, mon arrivée.

Quelle folle gaîté! Dans la joie qui m'inonde, tout m'apparaît dans un rayonnement d'inaltérable extase. Je ne ressens plus la moindre fatigue, et j'annonce mon intention de me remettre en route, après dîner, vers six heures et demie.

Châtel, lui, semble exténué. Il se trouve du reste mal portant. Phénomène curieux, ce pauvre garçon, qui commençait une bronchite aiguë, et qui devait rester dix jours très malade à Munich, à la suite de la précédente soirée passée à entraîner Willaume,—c'étaient eux qui avaient couché à Geissemberg, ville où, on s'en souvient, j'avais déjeuné ce même jour,—ce pauvre garçon, dis-je, grelottant de fièvre, prenait un soin incroyable de ma personne. Il allait, venait, courait autour de moi, il voulait me faire coucher en attendant le dîner. Il le fit presque de force, puis me déshabilla, me frictionna les jambes, me disant toujours, comme s'il supposait chez moi la fatigue extrême qu'il ressentait: «Oh! quel métier, quel métier! quel éreintement! Vous devez être éreinté, mort; couchez-vous, couchez-vous.»

—Mais non, mon ami, je suis dans l'état le plus parfait, mon bien-être est absolu.

—Non, non! vous êtes fatigué, couchez-vous, on vous préviendra pour le dîner.

—Je vous ai dit la vérité, je meurs de faim, voilà tout, ce qui est un symptôme excellent de mon état de santé.

—Je vous dis que non, reposez-vous, allons, dans une demi-heure, on vous réveillera.

—Mais je veux dîner avant une demi-heure, puisque je n'ai pas sommeil. Je n'ai que la fringale, je ne sens qu'elle.

Mais le gaillard, après m'avoir fait étendre sur un lit, m'avoir frictionné, me rabattait une énorme couverture jusque sous le nez. Puis, cet ouvrage fait, le pauvre Châtel, brisé, alla lui-même se mettre sur son lit, vis-à-vis du mien.

Pendant ce temps, Blanquies remplissait l'hôtel de sa personne. Il continuait à trouver les records une chose singulière. Entrant dans ma chambre, il s'écria en m'apercevant: «Tiens, tiens, et le dîner? Croyez-vous que le cuisinier l'a fabriqué pour le roi de Prusse? Nous sommes en Allemagne, c'est vrai, mais le bifteck est pour nous; attrape ça, ô monarque de mon cœur. Allons, allons, oust, à table, on dîne. Aïe! Aïe!»

—Quoi, qu'y a-t-il? Voilà que vous vous trouvez mal?

—Une pelle, une pelle monumentale. Oui, je me suis étalé au milieu de la route, hier! Je me suis détérioré le genou. Ce n'est rien!

Je fus vite habillé; nous voici déjà à table, tous. Alors, on put parler des aventures.

—Enfin, que vous est-il arrivé? demandai-je à Blanquies.

—Voici, commença mon brave compagnon, sur le ton d'un homme qui en a beaucoup à dire mais qui va régler son histoire en deux temps et... une foule de mouvements.

En arrivant à la sortie d'Oppenau, surprise, on ne vous trouve pas. Alors, je dis: «Pour sûr, il a pris la route de droite...»

—Juste, j'avais pris celle de gauche. Continuez.

—Oui, vous aviez pris celle de gauche, et, hélas! mon conseil m'a valu les plus sanglants reproches de Willaume. Il m'accusait d'être l'auteur de tout le mal: «C'est vous, c'est vous qui nous avez engagés par ici.» Il était désespéré, le pauvre Willaume.

—Mais, interrompis-je, puisque vous aviez Chalupa, l'interprète, il vous était facile de demander si un cycliste était passé.

—Ha! ha! Chalupa! Comble de la mésaventure! Nous n'avions pas fait cent mètres après Oppenau que sa machine se détraque et voilà une seconde séparation. Nous sommes dès lors réduits à deux. A Kniébis, nous vous attendons pendant quatre heures. Willaume était désespéré, il ne décolérait pas contre moi. Il vous demandait à tous les échos.

—Alors, vous m'avez attendu quatre heures durant à Kniébis? Par tous les diables des séjours infernaux, vous avez été plus heureux que moi: jamais je n'ai pu rencontrer cette ville damnée.

—Hélas! ce n'était pas fini. Après Fredenstadt, je n'y tenais plus, le passage de la montagne m'avait assommé. J'étais dans un état d'éreintement indescriptible. Ma foi, je suis resté en arrière, et Willaume est parti tout seul. Ho! ho! il était joli le record. A Nagold...

—Ah! oui, vous êtes passé à Nagold?

—Comment, mais moi aussi je me suis perdu, et ce n'est qu'après des tours et des détours que je suis arrivé à Nagold où je me suis refait chez un restaurateur à qui j'ai raconté l'aventure comme j'ai pu, parce que ces gredins-là ne comprennent pas un mot de français.

—Bon, voilà qui m'explique l'attitude de mon restaurateur quand j'y suis arrivé le même soir, ce brave restaurateur qui semblait savoir qui j'étais.

—Mais ils ne sont pas tous aimables, dans ce pays-là, continua Blanquies. Ah! les fumistes! Il y avait là une espèce d'Allemand qui m'a traité de Français, comme pour m'injurier. J'avais envie de lui faire voir si j'ai le poing solide. Mais j'aurais perdu mon temps. Enfin, après toutes ces histoires, éreinté, abruti, j'ai pris le train. Ah! ma foi, j'ai pris le train.

—Malheureux! et le club de Montmartre?

—Le club de Montmartre! s'écria Blanquies,—et en prononçant ces mots, il fit ce geste d'incommensurable dédain qui consiste, chez les jeunes habitants de la célèbre butte, à passer l'extrémité de ses doigts sous le menton comme si on en chassait une mouche.—Voilà, dit-il, ce que j'en fais, du club de Montmartre. Quand on est vanné, on prend le train. A Stuttgard, où nous nous sommes retrouvés avec Chalupa, nous vous avons attendu. Mais, hélas, rien ne venait. Enfin, vous savez comment je vous ai aperçu près de la gare de Geislingen. Oh! quelle rencontre!

—Eh bien, et Willaume? demandai-je à Suberbie.

—Willaume, me dit-il, a marché seul, naturellement, après avoir quitté Blanquies. Moi qui vous attendais à Stuttgard avec Châtel, j'ai envoyé ce dernier à votre rencontre, puis Willaume arrivant seul, j'ai fait partir Châtel pour l'entraîner. Les malheureux! durant toute la soirée, ils se sont égarés, pendant plus de trente kilomètres, lorsqu'enfin ils sont allés échouer dans un village où ils ont passé la nuit. Mais Châtel a pris froid. Il est sérieusement atteint. Il va maintenant prendre le train avec moi jusqu'à Vienne, s'il le peut.

Alors, à mon tour, je raconte mes aventures et, à la violente surprise de Suberbie, je lui dis à quelles heures je suis arrivé et je suis reparti.

—Si vous aviez persisté dans votre première idée de venir à l'hôtel Marquatz, c'est là que j'étais, que je vous attendais avec de nombreux amis. J'ai fait courir partout, à la police, au club, au télégraphe. Ah! il y a un cycliste de Stuttgard qui mourait du désir de vous voir. Il a battu pendant plusieurs heures le pavé de la ville, mais rien!

—Décidément, il n'y a que des braves gens dans cette ville. J'y reviendrai.

Enfin, comme le repas finissait, bien que Blanquies ne cessât maintenant d'agiter ses mandibules et continuât de faire des réflexions sarcastiques sur toutes les particularités des coutumes allemandes qui le frappaient, il fallut se lever et se disposer à partir. Il était sept heures du soir.

Blanquies, ragaillardi, consentait à reprendre la route. On allait donc se mettre en marche tous les trois, Chalupa, Blanquies et moi, direction de Gunzbourg, Augsbourg et Munich.

Repartir tous les trois, telle était du moins notre intention; mais le sort allait dès le départ en décider autrement.

XV

CHALUPA OU LA VOIE DOULOUREUSE

Les dernières lueurs du jour me permirent d'admirer la très curieuse et très célèbre cathédrale d'Ulm, cette basilique surmontée d'une tour de cent douze mètres de hauteur. Malgré le revirement qui s'était produit chez le joyeux Blanquies, en faveur du déplacement par voie ferrée, il avait décidé de nous accompagner par la route, poursuivant ainsi le voyage comme il l'avait commencé. Le sort allait en décider autrement. Mon autre compagnon était Chalupa, notre jeune interprète tchèque.

Tous les trois, escortés de nombreux amis, nous venions de quitter l'hôtel, après avoir pris congé de Suberbie que nous devions retrouver à Munich; nous avions jeté un cri d'admiration, en présence du monument dont je viens de parler et dont l'aspect imposant me causa pour ma part une frissonnante sensation de beauté artistique, lorsque soudain un incident bien connu et fort redouté des cyclistes se produisit, le même du reste qui avait signalé la deuxième journée de notre voyage. Mon pneumatique, passant sur un verre, fut lacéré. C'était pour moi une subite mise à pied.

Le mal n'était pas très grand, à la vérité, car dans les vastes expéditions comme la nôtre, Suberbie emporte, comme on l'a vu à Nancy, des machines de rechange. Mais quel tracas: retourner sur ses pas, aller à la gare du chemin de fer réclamer une machine!

Blanquies fit acte d'entraîneur; il se débarrassa de sa machine et me la donna. Quant à lui, fredonnant un air populaire, il se disposa à retourner vers Suberbie et Châtel pour reprendre le train, acte qui maintenant était entré dans ses habitudes et de plus en plus lui faisait prendre en un mépris souverain notre fragile bicyclette.

Encore quelques instants et, de nos nombreux compagnons, il ne resta plus que le souvenir. Seuls Chalupa et moi, nous voici maintenant pédalant de concert sur la route royale conduisant d'Ulm à Augsbourg et Munich. Notre intention est d'aller coucher à Augsbourg, à quatre-vingt-trois kilomètres.

Mais la nuit est devenue brusquement d'un noir d'encre. La route est affreuse. Chalupa, le brave petit Chalupa, seul avec moi, semble fier de sa position et de son rôle; il commence avec un dévouement absolu à me donner des encouragements incessants, car par suite d'une réaction fâcheuse, après le repas copieux fait à Ulm, je me sens pris à chaque instant de défaillances aussi bien morales que physiques, d'autant plus que l'obscurité est épaisse, circonstance, on se le rappelle sans doute, horriblement pénible pour moi. Le premier centre important est Gunzbourg, à vingt kilomètres environ. Je décide qu'on s'arrêtera là; jamais on ne parviendrait jusqu'à Augsbourg, par des routes pareilles et une obscurité aussi épaisse. Car c'est une souffrance indicible. Une muraille impénétrable devant les yeux, sauf, piquant le noir, quelques pauvres lueurs falotes et lointaines; puis, des secousses à désarticuler un acrobate, secousses d'autant plus torturantes qu'elles sont inattendues. On arrive à Gunzbourg. Un désert. Tout est clos. Une auberge s'ouvre à nous cependant. Trois Teutons vident encore des chopes, dans une encoignure d'estaminet. Ma foi, j'ai soif, une soif d'énervement au moins autant que de fatigue; nous absorbons des chopes, nous aussi. La présence du petit Chalupa, oh! combien frêle et timide la pauvre créature, facilite les rapports avec les naturels du pays, car il connaît très bien, non seulement la langue, mais les patois allemands.

On nous donne une chambre à deux lits. Les deux lits occupent presque la chambre entière. Il était dix heures au coucher; à trois heures et demie nous étions debout.

Quel réveil! Justes dieux! Comme un chien malade, je fais un effort, puis je retombe affalé sur mon lit. C'est un engourdissement de tout mon être. Puis la bière m'a appesanti l'estomac, horriblement. Chalupa ne dit rien; il glisse parfois cependant un encouragement timide; il n'ose le renouveler trop souvent. Il faut partir. Les machines sont toujours prêtes, elles. Le temps de répandre un peu d'huile et nous partons.

Quelle route affreuse! Dès le départ, le martyre commence. Cette fois je suis sérieusement blessé; blessé de partout. Le changement de machine à Ulm augmente mon malaise, car j'étais habitué à ma première bicyclette. Une enflure légère se produit au pied droit, au tendon d'Achille, enflure légère, dis-je, mais atrocement douloureuse à chaque coup de pédale.

Au premier village, Burgau, on s'arrête. On se met en quête d'une laiterie. On la trouve, mais vu l'heure extrêmement matinale, tout est clos. Nous frappons à la porte avec une rageuse énergie. Rien! Il faut se remettre en route.

Mon malaise est insupportable. Ai-je soif? Ai-je faim? C'est un malaise profond, mais vague, indéfinissable. Je ne suis pas inquiet sur mon compte; ce malaise, je le connais, mais il est à son maximum.

Au village suivant, nous trouvons une laiterie ouverte. Du lait à foison; en Allemagne, tout est à profusion, heureusement. J'en absorbe un litre, mais il ne réussit pas à me tirer de mon engourdissement sans égal. Une humidité désagréable pénètre d'ailleurs l'atmosphère.

Mon découragement est tel qu'à un passage à niveau, je déclare à Chalupa que je vais prendre le train. «On va s'informer de la première station, et je prendrai le train.» Chalupa frémit à cette idée. Il sent tout le poids de sa responsabilité; il me lance un regard d'esclave qui n'ose réprimander son maître sur le point de commettre une faute grave. J'insiste; mon moral est décidément atteint. Puis, la route est si mauvaise. Ma blessure à la jambe droite augmente; il me semble que j'ai l'épiderme emporté, et pour comble de malheur, le chemin devient accidenté; c'est tantôt un ravin rocailleux, tantôt un raidillon à pic. Je pédale avec l'énergie du désespoir.

Un accident se produit. Les cahots sont tels que ma selle se brise, c'est la seconde fois. Quelle position à présent: obligé de me tenir complètement de travers sur ma selle déséquilibrée, qui ne tient plus que par une branche.

C'est une douleur aiguë à chacun des cahots. Et à quelle distance sommes-nous d'Augsbourg? Impossible de le savoir. Jamais une marche n'avait été si démoralisante. Et pourtant j'abandonne l'idée de prendre le train, quand, à un village, enfin, Dinkelscherhen, nous apercevons une énorme pierre où rayonnent ces mots: «Augsbourg à vingt kilomètres.»

Le courage me revient un peu, mais quel martyre! La douleur causée par l'enflure augmente. Je descends et je constate que toute la partie avoisinant le tendon a grossi démesurément: «Vraiment, c'est délicieux, dis-je à Chalupa; voilà certes qui s'appelle voyager d'une manière confortable. Je suis blessé de tous les côtés, et ce sont ces routes enragées qui en sont la cause. Ils ne pourraient donc pas faire des chemins dans ce pays-ci? Aïe! Mais, mon pauvre Chalupa, je souffre comme un veau qu'on vient de saisir par les quatre pattes et qu'on vient de suspendre dans sa stalle d'abattoir; car vous n'ignorez pas, je suppose, que ce sont les veaux que l'on égorge avec le plus de révoltante cruauté. Aïe! Non! non, c'est fini, nous n'arriverons jamais à Augsbourg.»

Je pouvais, par mon bavardage, me soulager un peu, mais fort peu, et la douleur était constante. Enfin voici Augsbourg.

C'est une des plus grandes villes de la Bavière. Les approches en sont accidentées comme celles de presque tous les grands centres. Ce sont des maisons isolées de plus en plus nombreuses, puis des chemins défoncés, des processions de charrettes, de voitures, des faubourgs à l'aspect sale, aux maisons basses et pauvres; puis des rues plus propres, une population un peu plus en rapport avec l'aspect plus élégant des maisons; enfin le centre même de la ville.

Il était neuf heures environ lorsque Chalupa et moi fîmes notre entrée dans Augsbourg, à la Confession fameuse. On se mit en quête d'un hôtel, avec l'intention d'y prendre un déjeuner rapide, et de repartir aussitôt, après avoir toutefois fait réparer ma selle.

Nous ne nous supposions pas attendus à Augsbourg. C'était une erreur. Pendant notre déjeuner, deux membres de l'Union vélocipédique allemande, nouvelle coïncidence assez curieuse, se présentèrent à l'hôtel que nous avions choisi par hasard et qui était précisément celui où Willaume s'était arrêté. Ces deux aimables confrères en cyclisme s'étaient tenus en observation, sachant que nous pouvions arriver d'un moment à l'autre. Avec un empressement vraiment admirable, ils se mirent à notre disposition, firent réparer la selle, et de plus disposèrent sur le cuir une épaisse doublure en drap, pour atténuer la douleur causée par ma blessure dans la mesure du possible. Ils nous donnèrent des nouvelles de Willaume, passé la veille, à grande vitesse.

Tous ces détails prirent un temps précieux. Il était plus de dix heures quand on quitta Augsbourg. Les représentants de l'Union vélocipédique allemande poussèrent l'amabilité jusqu'à nous donner un entraîneur jusqu'à Munich.

Inutile de dire que mon courage était entièrement revenu. Puis nous marchions vers Munich, la capitale de la Bavière, où non seulement Suberbie, Blanquies et Châtel se trouvaient, mais où nous savions aussi qu'une foule de cyclistes allemands nous attendaient; car Munich est une des capitales du cyclisme dans tout l'empire d'Allemagne.

XVI

ARRIVÉE A MUNICH

La vie humaine est ainsi faite. Qu'il s'agisse d'un homme, d'une famille, d'un peuple, l'existence est composée d'une succession d'événements heureux et malheureux. Éternelle loi des contrastes. Après la pluie, le beau temps, dit le vulgaire. L'âme humaine, d'ailleurs, trouve en son essence l'accomplissement de cette loi, et alors même qu'aucun événement heureux ne succéderait pour elle aux malheureux, par une réaction naturelle elle «trouvera du bonheur» dans un fait en lui-même indifférent que la loi des contrastes lui fera paraître heureux.

Ma souffrance morale et physique avait été telle depuis Ulm, et durant toute la matinée depuis Gunzbourg, que bien que mes blessures fussent restées aussi douloureuses malgré la doublure à la selle, je ne les sentais presque plus, tant mon moral était relevé; je ne les sentais plus ou, pour parler exactement, je n'y songeais plus et dès lors la douleur que j'en ressentais s'atténuait parfois complètement; phénomène physiologique bien connu, preuve manifeste de la spiritualité de la douleur, même physique, qui, pour ma part, m'a toujours fait soutenir cette thèse que les animaux n'ayant pas notre somme de «spiritualité» n'éprouvent pas le quart de notre douleur physique pour un même «mal».

Le vent était modéré, mais il soufflait de l'ouest; nous l'avions donc derrière nous, le ciel était beau, la route était médiocre mais très véloçable; réunion de circonstances des plus heureuses pour nous.

Le changement, on le voit, était complet. Nous nous retrouvions après notre station à Augsbourg, non plus deux voyageurs égarés, fatigués, malades, marchant péniblement, tirant la langue et traînant le pied, mais une troupe vaillante composée d'un «recordman» et de ses deux entraîneurs. Nous marchions, en effet, rapidement, à une allure d'environ vingt-quatre kilomètres à l'heure, ce qui était prodigieux, en raison de mon état particulier, car mon entraîneur d'Augsbourg et Chalupa n'avaient pas les mêmes avaries physiques, et de l'état toujours très médiocre, je l'ai dit, de la route.

Dans ces conditions, les campagnes se déroulaient, rapides. On passa successivement les villages de Frendburg, Odelzhausen, Schwabhausen, Dachau. On dévorait les kilomètres. Il pouvait être trois heures et demie de l'après-midi, lorsque se produisit ce fait toujours réjouissant de la rencontre des amis venus au-devant de vous. Des cyclistes apparurent dans le lointain: c'étaient ceux de Munich qui, mis au courant de notre arrivée par Suberbie, accouraient au-devant des voyageurs. Ils étaient nombreux.

Quand on se fut salué, serré les mains joyeusement, ils nous dirent: «Ah! si vous saviez comme nous vous avons attendu hier! Vous trouvez que nous sommes nombreux: hier tout le Munich cycliste était sur pied. Nous formions une armée de près de mille. Mais voilà, nous étions sans nouvelles de vous. Willaume, arrivé seul dans la soirée, n'a pu nous donner le moindre renseignement sur votre compte. Quel malheur!»

Ce disant, nous marchons vers Munich, dont les premières maisons se montrent déjà au loin. Les approches paraissent interminables, comme toujours. Les rapports sociaux sont les mêmes partout. Nul ne saurait l'ignorer, toute nouveauté rencontre des résistances, surtout dans certaines classes de la population, résistances d'où naissent de petites querelles, assez insignifiantes en général, il faut bien le dire. Le cyclisme est une de ces nouveautés, et il n'est guère d'adepte de la bicyclette qui n'ait été parfois en butte au mauvais vouloir de quelque grincheux.

Naturellement, certains cyclistes se révoltent à l'idée de ce mauvais vouloir injustifié et répondent du tac au tac.

A notre entrée dans la ville de Munich, entrée rapide et assez solennelle à cause de notre nombre, je pus voir que les «rapports sociaux» en question étaient en Allemagne, tout comme en France, quelque peu tendus entre cyclistes et piétons.

Un de nos compagnons marchait en tête, donnant aux passants un courtois avertissement. Un ouvrier conduisant une brouette, en entendant l'avertissement de notre «tête de colonne», parut s'émouvoir absolument comme le fameux policeman en baudruche en présence des grimaces du clown Foottit, au Nouveau-Cirque de Paris, ou comme les quarante siècles des pyramides en présence de l'armée de Napoléon. Ce que voyant, notre cycliste, passant prestement auprès de l'homme à la brouette, lui escamota son couvre-chef avec une dextérité que n'eût pas désavouée un jongleur consommé. Inutile d'ajouter que cet escamotage dérida le grincheux; mais on n'eut guère le temps d'entendre ses invectives augmentées par les rires sonores de toute la troupe.

On arrivait au cœur de la ville; ville superbe, aux grandes artères bien pavées et très larges. Munich, je l'ai dit, est un centre cycliste des plus importants. La seule façon dont, en de semblables circonstances, on est regardé par la population suffit à l'indiquer. Les passants regardent, parce qu'on est nombreux, mais leur attitude ne décèle nulle surprise. On voit que la bicyclette a acquis le droit de cité.

On arrive devant les bureaux du *Radfahr Humor*, journal cycliste de Munich, où plusieurs rédacteurs, ainsi que Suberbie et Blanquies, nous attendaient. Le *Radfahr Humor*! quelle preuve de l'importance prise par le sport vélocipédique dans la capitale de la Bavière. Oh! combien on étonnerait de personnes, même parmi celles qui se piquent d'être pleinement au courant du mouvement contemporain dans toutes ses branches, en leur montrant un organe aussi spécial représentant une pareille somme de travail, un journal qui au premier aspect, par son papier, sa quantité de composition, ses gravures, laisse bien loin derrière lui une foule de publications beaucoup plus importantes, du moins par leur «genre».

On pénétra dans les bureaux du *Radfahr Humor* où le plus excellent accueil nous fut fait. Le numéro de la semaine contenait le portrait de l'auteur de ce récit, une gravure des plus fines et vraiment artistique, avec sa biographie. Hommage des plus flatteurs et dont je fus heureux de pouvoir remercier le directeur du journal. Parmi les rédacteurs du *Radfahr Humor* se trouvait le docteur Rettinger, qui avec une amabilité inexprimable ne devait cesser de se mettre à notre disposition, non seulement durant les courts instants où je restai à Munich, dans cette journée-là, mais aussi pendant les deux jours passés dans cette ville à notre retour de Vienne.

Oh! un vrai et pur Allemand, le docteur Rettinger, mais un bien excellent homme. Gros, barbu, éternellement le cigare à la bouche; presque éternellement aussi installé devant une pile de soucoupes, chacune d'elles représentant une énorme chope de bière. Et les soucoupes s'empilaient toujours, lorsqu'il entrait dans une brasserie; et les chopes se vidaient méthodiquement, mécaniquement. Lui, heureux de vivre, semblait dans une extatique jouissance de cette absorption éternelle et lente.

De la salle de rédaction du *Radfahr Humor*, on se rendit dans une de ces brasseries où ce nectar vraiment délicieux, la bière de Munich, coule à pleins bords. Quel festin de Lucullus c'était pour moi ce déjeuner fait dans cette ville, entouré de ces nombreux et joyeux amis, arrivé aux trois quarts de notre expédition, et de plus en proie à un appétit féroce, circonstance qui transforme toujours en ambroisie les mets même médiocres! Le docteur Rettinger s'était mis en devoir d'absorber, et il parlait beaucoup, en français, d'ailleurs, mais avec un accent allemand des plus prononcés, ce qui ne tarda pas à exciter la rate du bon Blanquies.

Un détail qui causait la joie du Montmartrois c'était précisément cette quantité invraisemblable de chopes, en France des doubles bocks, que pouvait contenir l'estomac de l'excellent docteur.

—Non! dit-il, en laissant aller son rire, non, mais après tous ces bocks-là vous ne devez pas pouvoir loger le reste dans votre estomac, les dîners et les déjeuners?

—Che ne mange qu'une fois par jour, répondit le docteur Rettinger, le reste du temps che bois.

—Mais enfin, riposta Blanquies, combien buvez-vous de chopes par jour?

—Compien j'en bois? Ho! ho! mais che ne sais pas. Ho! ho! compien chen bois? Mais, tix, fingt, trente, quarante, ché-né-sais pas! Mais la rate de Blanquies n'était pas au bout de ses torsions. Tandis que mon ravitaillement stomacal se continuait, la conversation dont je suivais mal le fil, occupé que j'étais à faire travailler vigoureusement mes mandibules, se continuait entre le jeune échappé du faubourg parisien et le docteur; soudain, j'entendis le mot Asnières prononcé par le docteur. Il racontait, paraît-il, son dernier voyage à Paris et il parlait d'Asnières où il avait habité quelques jours. A peine eut-il raconté le fait que cette fois tous les muscles du Montmartrois entrèrent dans une danse folle.

Cette idée que le docteur était allé à Asnières; enfin ce simple mot d'Asnières prononcé par ce docteur allemand, en plein cœur de l'Allemagne, parurent à Blanquies une de ces choses désopilantes à vous changer la rate en tourne-broche.

—Ho! ho! ho! mon Dieu, que c'est donc rigolo! Ho! la! la! mince de coquillage, s'écria-t-il, en déployant son rire guttural. Comment, on connaît Asnières ici, hi! hi! hi! mais ce n'est vraiment pas la peine de venir chez les Allemands si on y entend parler d'Asnières. Ho! ho! ho! Mais moi, je suis en Allemagne depuis trois jours, j'ai oublié Asnières, ha! ha! ha! oh! non! mais voyez-vous ce brave monsieur Rettinger qui connaît Asnières. Qui est-ce qui va me parler du Moulin-Rouge ici maintenant, et du Rat-Mort, et des Décadents? et du Lapin qui fume? Y a personne ici pour le Lapin qui fume? Eh bien! et le Cabaret de la mort? Ousqu'on devient un macchabée, à volonté?»

La surprise du Montmartrois n'était pas à son terme. Tandis que les mets nombreux continuaient à défiler, arrosés de l'excellente bière du pays, un groupe d'officiers bavarois entra dans la brasserie. Leur présence fit changer la conversation et on parla quelque peu politique, des rapports de la Bavière et de la Prusse. Le docteur Rettinger, en bon Bavarois, ayant manifesté une sympathie des plus modérées pour la Prusse et les Prussiens, la rate de Blanquies entra dans une danse nouvelle. Cette fois il la trouva trop forte. Comment, on avait crié, en sa présence et en pleine Allemagne: vive la France! et voilà que maintenant chez les «Prussiens» eux-mêmes, car pour tout bon Parisien de Paris, un Allemand est un Prussien, chez les Prussiens, dis-je, on criait presque: à bas la Prusse!

—Non, mais où suis-je? continua Blanquies, en s'administrant sur le genou un coup formidable. Avouez donc que c'est rigolo. Je vais chez les Prussiens, sous prétexte de record, on crie vive la France! et par-dessus le marché: à bas la Prusse! Je comprendrais ça, à l'Élysée-Montmartre, ou au

Divan Japonais, mais ici, ici! Garçon, un bock! Ah! non, c'est vrai, ils n'y comprennent rien ici, à ce langage-là. C'est étonnant, quand on crie: à bas la Prusse, on devrait bien comprendre ce que signifie: un bock. C'est égal, cette satanée bière est rudement bonne pour vous rafraîchir les amygdales. Mince de capucine! Attends un peu, ce que je m'en vais leur en raconter à mes copains!

Mon déjeuner se terminait. Le docteur Rettinger se leva, et toujours avec son accent allemand qui donnait à sa parole une note si originale, prononça une chaude allocution en l'honneur des cyclistes français et de la France!

Excellent homme! La bonté même, type achevé d'une race que des événements funestes ont faite notre adversaire, mais nullement notre ennemie dans le sens le plus rigoureux de ce mot.

Il pouvait être cinq heures environ quand on donna le signal du départ. Avant de se remettre en route, direction de Muhldorf, on changea ma selle qui, on s'en souvient sans doute, avait été brisée dans le trajet de Gunzbourg à Augsbourg. Le docteur Rettinger ne voulut pas nous laisser partir sans nous faire promettre de nous arrêter quelque peu à Munich au retour, ce qui fut fait.

Moment vraiment délicieux dans de pareilles expéditions, et qui seul les justifie. Un homme lancé dans une marche aussi longue et aussi rapide est comme un soldat durant une campagne. Il éprouve des émotions de tout genre, émotions pénibles et émotions joyeuses. Les unes comme les autres justifient l'aventure, car ce sont elles que l'on recherche.

En ce moment, dis-je, j'éprouvais un bien-être physique et moral immense, puisque tout allait maintenant à souhait: mes compagnons étaient retrouvés, mon état était parfait, nous n'étions plus qu'à une distance relativement restreinte de la ville de Vienne, but de notre voyage. Et pourtant nous marchions, comme il arrive souvent dans une campagne militaire, vers un désastre, la noyade de Lintz, qui devait être comme le dénouement de notre romanesque aventure. Désastre! dis-je, oui; mais si je me sers du mot c'est pour continuer ma comparaison avec la marche forcée d'une armée en campagne. En la situation actuelle, en effet, qu'on ne conclue pas bien vite à un remords ou à un simple regret de ma part, car ce qui serait désastre pour une armée, était plutôt une victoire, du moins pour moi, qui, dans de semblables voyages, recherche les émotions. La noyade de Lintz, «désastre» final d'une espèce de campagne où la guigne nous avait poursuivis, devait être une source d'émotions qui, pénible sur le moment, laisse des souvenirs toujours précieux et que l'on éprouve ensuite du plaisir à raconter, comme d'ailleurs tout ce qui arrive de fâcheux dans les aventures.

XVII

STEEPLE-CHASE ACROBATIQUE

Quand, la veille de notre arrivée à Munich, Willaume était passé dans cette ville, deux aimables cyclistes s'étaient mis en route avec lui: MM. Tochterman, un jeune amateur de Munich passionné de vélocipédie, fils d'un gros négociant, et Sachman, également de Munich. M. Tochterman, nous devions le voir à notre retour; quant au second, nous allions le trouver avec Willaume qui, on le sait, nous attendait à la frontière autrichienne.

Au moment où, serrant la main à nos hôtes sympathiques, à tous ces bons compagnons qui nous avaient réservé à Munich un si cordial accueil, Chalupa et moi nous nous saisîmes de nos machines, une célébrité de la pédale en Allemagne, M. Fischer, le gagnant d'une des plus grandes courses sur route qui aient été données, la course Vienne-Berlin, s'offrit à nous servir d'entraîneur avec quelques-uns de ses amis, ce qui était pour nous une très heureuse fortune.

Suberbie allait continuer sa pérégrination par le train, emmenant avec lui Blanquies. Ce dernier avait décidément divorcé avec la bicyclette. Il en avait assez, nom d'un rat en capilotade! C'était une plaisanterie de mauvais goût de forcer les gens à voyager de cette façon-là. Il fallait avoir le diable au corps, déclarait-il. Blanquies continua donc à prendre la voie ferrée. Il fut décidé que tout le monde se concentrerait à Sembach, dernière ville d'Allemagne, pour passer ensemble à la douane et pénétrer en corps sur le territoire de l'empire austro-hongrois.

J'ai déjà fait part au lecteur de l'état des routes en Bavière, état horrible s'il en fut. On m'a raconté que dans l'Allemagne du Nord les voies sont moins atroces; je veux bien le croire, mais dans l'Allemagne du Sud! Bonté du ciel! La saison y est-elle pour une part? C'est possible, car un ami, connu sans aucun doute de la plupart de mes lecteurs, qui tient une place importante dans le cyclisme français, M. Pierre Giffard, mon éminent collaborateur du *Petit Journal*, a, lui aussi, accompli quelque temps après moi un voyage à bicyclette en Allemagne. Il a trouvé les chemins mauvais en Bavière, mais moins mauvais toutefois que ce que je lui en avais dit moi-même.

Quoi qu'il en soit, la route, affreuse sur presque tout le territoire bavarois parcouru jusqu'à présent, allait devenir tellement épouvantable qu'elle en était parfois invéloçable. Et pourtant, le ciel était clément encore. En présence d'un pareil chemin, je ne pus m'empêcher de frémir à l'idée de voir la pluie entrer dans la danse. Oh! alors!

Qu'on se représente une route recouverte de cailloux comme en France! mais, à la différence de ce que fait chez nous l'administration des travaux publics, qui passe le rouleau sur ces cailloux pour les aplanir, considérez cette route laissée ainsi avec ses cailloux dont les voitures et les charrois sont seuls chargés d'assurer «l'écrasement». Le résultat est clair. Ce sont dans toute la largeur de la route des ornières énormes, trop étroites pour pouvoir y rouler à l'aise, et, entre les fondrières, des amas de cailloux pointus sur lesquels il est naturellement impossible de rouler. A notre passage, des pluies récentes et très fortes avaient encore augmenté l'inégalité du terrain et la profondeur des ornières, à tel point que, dès notre départ de Munich, ce furent des sauts de carpe à vous rompre les os.

Ce que nous avions éprouvé n'était rien. On fut soumis à un de ces exercices forcés qui vous transforment en façons de polichinelles secoués comme des balles, ou comme de la pâte dans le pétrin.

Si on voulait se maintenir dans les ornières pour rouler sur un sol uniforme et sans cailloux, le pneumatique de temps en temps dérapait, on perdait l'équilibre, on oscillait et il fallait des prodiges d'adresse pour se retrouver sur ses deux roues.

Si on voulait se maintenir hors de l'ornière, alors renvoyé de cailloux en fondrière, de fondrière en cailloux, de saut en saut, de choc en choc, on s'en allait jusque sur l'accotement où de profondes saignées vous forçaient à un steeple-chasse clownesque qui eût été désopilant s'il n'eût été, vu mes blessures, parfois très douloureux. Fischer, le vaillant coureur allemand habitué à ces chemins diaboliques, filait comme un zèbre sans paraître en rien incommodé. Obligés à le suivre, notre vitesse augmentait encore l'amplitude de nos oscillations acrobatiques, en même temps que la brusquerie de leur succession brutalement ininterrompue. Jamais coquille de noix sur une mer furieuse n'avait été livrée à une aussi infernale sarabande. Aussi on sautait, s'enfonçait, tournait, oscillait, pirouettait, grimpait, s'effondrait; à chaque instant, on interrogeait nos camarades de Munich pour savoir quand la route allait s'améliorer. Ils répondaient invariablement: «Bientôt»; mais malgré notre rapide allure, la route restait affreuse. Elle avait, d'ailleurs, un si défavorable aspect qu'à la fin, ahuri par cette bacchanale échevelée, et vraiment saisi par un violent accès de mauvaise humeur, je m'arrêtai net, et jetant ma machine, je déclarai: «Eh! dites donc, les amis! J'en ai assez, moi! J'avais décidé de me rendre de Paris à Vienne, par la route, par une route quoi! Or, où est-elle la route, oui, la route de Paris à Vienne, où est-elle? Nous n'y sommes pas assurément, ce n'est pas elle, cette voie ignoble; d'ailleurs ce n'est pas une route, ce n'est même pas un chemin, c'est un champ labouré? Qu'on me montre la route!»

Mais mes imprécations ne servaient de rien. Il fallait marcher. Le bon Chalupa me dit qu'il fallait continuer, on finirait bien par trouver une route meilleure. Fisher disait la même chose. On continua; la danse satanique de sauvages en délire recommença. Chalupa en poussait des cris rauques. Ma frêle Gladiator lançait de petits cris plaintifs, mais elle ne bronchait pas, la vaillante machine. Elle semblait un svelte hippogriffe voltigeant sur la crête des vagues, vagues de cailloux pointus ou de boue desséchée.

Enfin, à un moment donné, l'état des chemins devint tel qu'un des jeunes cyclistes de Munich, dans un de ses mouvements convulsifs, vint s'écrouler sur moi, et je fus précipité sur le sol. Il y eut un instant de panique. Fischer, Chalupa, tous s'élancèrent sur moi. Rien de cassé, absolument rien, ni l'homme, ni la machine. Le pauvre garçon, auteur de l'accident, était dans un état de confusion que je m'efforçai de dissiper, sans trop y réussir. Je lui déclarai que ce n'était pas lui l'auteur de l'accident, mais ce chemin abominable dont je me promettais bien à ce moment de donner une idée à mes futurs lecteurs.

Au moment où nous sommes arrivés, nous avions fait déjà d'assez nombreux kilomètres, une trentaine peut-être, dans la direction de Muhldorf, ville où nous devions finir notre journée, et située à environ deux heures de la frontière autrichienne. Nous avions à passer maintenant un village célèbre dans l'histoire de notre pays et je m'étais bien promis de contempler le paysage environnant, au moment où nous passerions près du village en question: c'était celui de Hohenlinden, où l'illustre général Moreau remporta sa fameuse victoire.

Brusquement, tandis que nous approchions de Hohenlinden, la route s'améliora. D'ailleurs le pays redevenait très boisé, circonstance qui sans doute est favorable au bon état des routes, car durant la traversée de la Forêt-Noire, elles étaient superbes, on s'en souvient. Très boisé, dis-je, et mes lecteurs n'auront pas oublié qu'en effet, la célèbre bataille de Hohenlinden fut livrée en plein bois, mais en même temps tout au long de la route de Munich à Muhldorf, celle que nous suivions.

Poussés par le vent d'ouest qui commençait à souffler en tempête, d'autre part excités par cette radicale et subite transformation du sol, on marcha à une allure folle; nous allions maintenant à une allure de plus de trente kilomètres à l'heure; nous semblions emportés par une rage de locomotion. C'est ainsi que je traversai le pays où se trouve Hohenlinden.

Je contemplai ce champ de bataille où se joua une de ces parties desquelles parfois dépend le sort du monde. C'est ici, me dis-je, en contemplant la forêt fameuse, où les cinquante mille hommes du général Moreau rencontrèrent les soixante-dix mille Autrichiens, le 3 décembre 1800; où Richepanse, alors que la bataille semblait des plus douteuses, arrivant tout à coup, surprit en flanc les ennemis et contribua à changer en triomphe ce qui n'eût été qu'un succès sans importance et peut-être une défaite; c'est ici, ici, sur cette route, que défilèrent presque tout entières les deux armées.

Quelle jouissance pour celui que les grands événements historiques ont toujours impressionné vivement, de contempler dans un pareil moment, dans de telles circonstances, un si illustre champ de bataille!

Toujours glissant sur ce sol merveilleux, on arriva au village de Haag où on fit une halte de quelques secondes, puis à Muhldorf. Il faisait nuit. Il était neuf heures du soir environ. Quelques gouttes d'eau tombèrent, sinistre présage. Notre première idée, vu la vitesse de notre marche, avait été de pousser jusqu'à Sembach, frontière autrichienne, située à quarante kilomètres, et où les amis nous attendaient, les amis parmi lesquels enfin Willaume, le brave compagnon Willaume; mais voyant la nuit noire, puis craignant la pluie, on resta; on se lèverait aux aurores, voilà tout.

Ici encore, on put, avant de se coucher, goûter ce plaisir délicieux d'un dîner absorbé avec un appétit de chien de chasse, dîner copieux à souhait, en compagnie d'aimables et joyeux compagnons, servi à souhait, dis-je, par des jeunes filles dont la franche gaieté en présence de notre bande de gaillards folichons, était bien faite pour donner à la scène de cette fin de journée un aspect de confort paradisiaque des plus réjouissants.

Mais, hélas! quel lendemain!

XVIII

A LA FRONTIÈRE AUTRICHIENNE

A quatre heures du matin nous étions debout. Un seul de nos compagnons de la veille devait faire route durant quelque temps avec nous, pour nous bien indiquer le chemin, à cause d'un trompeur croisement de voie.

Constatation désagréable: il avait plu durant la nuit. La pluie toutefois avait cessé, mais le ciel était menaçant. La route détrempée laissait encore quelques étroits passages véloçables. Une fois les parages dangereux franchis, notre compagnon de Munich prit congé de nous, en nous souhaitant bonne chance. Nous en avions besoin. Nous étions de nouveau réduits à deux: Chalupa et votre serviteur. Mais la situation était moins «douloureuse» qu'entre Gunzbourg et Augsbourg. Bien que le sol fût mouillé et le ciel menaçant, le moral était à son niveau normal, et le physique s'était beaucoup amélioré à Muhldorf. D'autre part, nous marchions à fortes enjambées vers la frontière autrichienne, Sembach, située à quarante kilomètres seulement, où nous allions retrouver nos amis et parmi eux enfin le cher compagnon Willaume, le compagnon «officiel», comme je l'ai déjà exposé. Cette rencontre n'allait se faire, circonstance bizarre, que pour partager ensemble le désastre final. Il était environ quatre heures et demie à notre départ de Muhldorf; à sept heures un quart nous entrions dans Sembach, et nous nous dirigions aussitôt vers l'hôtel que Suberbie, cette fois, nous avait indiqué, au départ de Munich.

Une des premières personnes que j'aperçus, ce fut Blanquies. Il m'apparut dans l'encadrement d'une des fenêtres de l'hôtel et sa physionomie joviale exprima aussitôt le ravissement.

«Ah! vous voilà, nom d'une carabine! On vous a attendus hier soir. Nous étions convaincus que vous alliez arriver à cause du vent arrière. Sapristi! le temps paraît rudement mauvais, les enfants. Vous allez avoir du fil à retordre. Je ne vous dis que ça.»

J'attendis la fin de l'explosion, puis je demandai:

—Et Willaume?

—Il est là, dans sa chambre, ou dans la mienne, comme vous voudrez: c'est une chambre à deux lits. Je vais le prévenir que vous êtes là.

Mais pendant cette rapide conversation, j'ai déposé ma machine sur le devant de l'hôtel et je suis entré. J'escalade les escaliers et j'arrive dans la chambre en question qui offrait l'aspect le plus charentonnesque qu'il soit possible d'imaginer. C'était un salmigondis d'oreillers, de draps de lit, de couvertures en capilotade, des valises dégorgées, avec aux alentours un fouillis inextricable de bas, de chaussures, de vêtements, de maillots bariolés, et sortant de cet amas, comme une tortue engourdie sort d'un tas de feuilles séchées, l'ami Willaume, dont le calme britannique se dérida complètement à ma vue.

Ma foi, il était éreinté, et ce n'était pas étonnant. Il n'avait pas du reste à en raconter long. Lui, dès notre séparation, avait été désespéré; ce brave garçon avait vécu sous la terreur de m'avoir froissé, craignant que je fisse retomber sur lui la cause de notre séparation; ce qui était un excès de scrupule, car j'en étais encore plus directement responsable. Et dès lors, voyant que nous ne pouvions nous rejoindre, il avait accompli son devoir de recordman, en marchant, marchant toujours, à en perdre bras et jambes, sans penser à rien, qu'à aller toujours de l'avant, le plus rapidement possible, jusqu'au moment où il avait reçu notre dépêche lui prescrivant d'attendre à Sembach mon arrivée. Alors il s'était couché et s'était reposé. Et voilà. Ce qu'il n'ajoutait pas, le pauvre garçon, c'est que par suite d'une malechance enragée, il avait fait trois chutes dont une lui avait occasionné une forte blessure à la main gauche. Je remarquai, en effet, qu'il avait cette main entourée d'un bandage. Mais, bah! c'était là pour lui un détail insignifiant. Il en avait bien vu d'autres, notamment cette ruade de cheval qui l'avait presque défiguré, dans une course de Paris à Trouville, accident que j'ai rappelé au début de ce récit.

Blanquies, en présence de cette chambre en état de révolution, ne put s'empêcher d'ouvrir encore une fois les écluses qui retenaient son rire guttural de gavroche en délire.

—Hi! hi! hi! quelle nuit, si vous saviez! Ah! nous en avons fait un chambard. Moi, d'abord, j'étais sûr que vous alliez arriver cette nuit et je n'ai pas dormi. Il fallait bien se distraire. J'ai envoyé traversins et oreillers visiter l'ami Willaume. Voilà qui lui était égal, par exemple. Il ne bougeait pas plus qu'une momie.

—Mais, fis-je observer, pourquoi ce monceau de falbalas? Ah çà! vous avez donc tout un magasin pour vous deux?

—Non, dit Blanquies; Suberbie et Sachman ont mis ici toutes leurs affaires. Je veux bien être pendu s'ils s'y retrouvent.

Au nom de Suberbie, je m'enquis aussitôt de sa personne. Inutile de chercher longuement. Il était prêt, ainsi que Sachman, le cycliste de Munich, qui avait entraîné Willaume et devait nous accompagner jusqu'au terme de notre marche.

—Et Châtel? demandai-je à Suberbie.

—Châtel, répondit-il, le malheureux est très malade. Il n'a pu quitter Munich. Je crains une pneumonie. C'est cette soirée fatale d'avant Ulm qui en est la cause. Enfin, je l'ai bien recommandé aux amis de Munich. J'espère que nous le retrouverons entièrement rétabli à notre retour.

C'est, en effet, ce qui devait arriver. Nous devions le retrouver, rétabli, mais complètement changé. D'ailleurs Suberbie reçut de lui à Vienne des nouvelles quotidiennes, et d'ailleurs rassurantes.

Nous n'avions pas de temps à perdre; il fallait penser à reprendre la route, le plus vite possible. On descendit dans la salle à manger, où tasses de café et de chocolat disparurent dans nos estomacs respectifs. Il y avait là un piano. Blanquies en profita pour égayer l'assemblée d'un charivari bien conditionné.

Nous nous trouvions là, on le sait, à Sembach. Cette ville est la dernière du territoire allemand. Elle n'est séparée de Braunau, la première ville autrichienne, que par un pont sur la large et belle rivière de l'Inn, un des grands affluents du Danube. Sembach-Braunau, c'est le Hendaye-Irun austro-allemand.

Suberbie et Blanquies nous accompagnèrent dans la traversée de la rivière, pour présider avec nous aux formalités de la douane. On alla à pied. A peine de l'autre côté de l'Inn, on se trouva en présence des douaniers autrichiens.

Le lecteur n'a pas oublié les démarches faites par moi auprès des deux ambassades allemande et autrichienne, à Paris. L'accueil avait été aussi aimable et empressé que possible. L'ambassadeur d'Allemagne, le comte de Munster, m'avait adressé une lettre, signée de sa main, lettre que je portais sur moi, mais qui ne m'avait jamais servi, aucune difficulté ne nous ayant été opposée durant notre marche à travers les duchés de Bade et de Wurtemberg, et la Bavière. Le comte Zichy, conseiller de l'ambassade austro-hongroise, avait été plus aimable encore, mais moins pratique. Il m'avait dit, on s'en souvient, qu'il allait prévenir le ministre des affaires étrangères à Vienne, lequel avertirait à son tour la douane à Braunau. Un simple papier eût peut-être mieux valu.

J'arrivai à la douane, persuadé que nous allions passer sans encombre. Hélas!

Il fallut accomplir une foule de formalités et... payer soixante francs par machine.

Circonstance qui m'exaspérait: je ne pouvais me faire comprendre. Chalupa traduisait mes observations avec une lenteur désespérante, et les douaniers, qui semblaient la quintessence de l'abrutissement administratif, ne comprenaient rien, ou voulaient ne rien comprendre.

—Mais dites-leur donc, m'écriai-je enfin, qu'ils ont dû recevoir un mot du ministère, que nous sommes les bicyclistes dont on a dû leur parler.

Non! rien! toujours face à face avec ces ronds-de-cuir dont l'air béat et brutal indiquait une atrophie totale de cette précieuse faculté de l'âme nommée l'entendement.

—Enfin, dis-je à Chalupa, qu'ils s'expliquent, quoi; ils n'ont rien reçu, que faut-il faire?

—Eh bien, ils disent, déclara timidement Chalupa, que nous passons la frontière et qu'il faut payer, après avoir signé les papiers.

Enfin, on «finit par en finir», comme dit l'autre. On paya. Mais, j'étais dans une fureur noire.

«Quelles brutes! pensai-je; vraiment, c'était bien la peine de faire des démarches auprès de l'ambassadeur. Et je suis sûr, absolument sûr, qu'on s'est occupé de nous, à Vienne; mais allez donc ouvrir l'intelligence de cette troupe d'ahuris.»

Notez que ces douaniers, malgré tout, eussent été dans leur rôle, si effectivement ils n'avaient reçu aucune instruction. Mais, voyez un peu si ma colère était justifiée, et voyez jusqu'où peut réellement aller la sottise administrative de simples employés de douane.

Contrairement à ce qu'on eût pu penser, en voyant leur entêtement, ils avaient parfaitement reçu des instructions, et je l'appris à Vienne, dès le lendemain de notre arrivée. Mais, sans doute, ils n'y avaient rien compris. La lueur dut ensuite se faire dans leurs cerveaux, et ces employés, qui ne voulaient rien entendre, nous adressèrent des excuses lorsqu'une semaine plus tard, nous repassâmes à Braunau avec l'Orient-express. Ils ne purent nous rendre notre argent, à cause de la rapidité du passage du train et des nouvelles fôôôrmalités à remplir, mais ils nous déclarèrent qu'il allait nous être adressé à Paris; ce qui fut fait, trois semaines après notre retour.

Il était neuf heures environ quand on se sépara d'avec Suberbie et Blanquies. Nous allions donc maintenant rouler sur la terre autrichienne! Nous étions quatre: Willaume, Chalupa, Sachman et moi.

Nous allions marcher sur la ville de Lintz, la plus importante avant Vienne. Elle est située à cent dix kilomètres de Braunau. «Nous y arriverons vers deux heures et demie, dis-je à Suberbie. Allez nous attendre là.» Par suite d'un oubli absolument invraisemblable après tout ce qui était arrivé, on omit de se rappeler le nom de l'hôtel où l'on descendrait pour déjeuner. On va voir toutefois que cet oubli n'eut pas de suite fâcheuse, ce qui eût mis le comble au désastre qui était sur le point de nous assaillir.

XIX

LES MENACES DE L'ATMOSPHÈRE

C'est le samedi 28 avril, sixième jour de marche, que nous quittions Braunau, au nombre de quatre, nous dirigeant sur la ville de Lintz.

Ainsi qu'on l'a pu voir durant le cours de ce récit, nous avions eu, tout compte fait, un temps favorable jusqu'à ce jour.

Au départ, un fort vent d'est nous avait gênés; mais le ciel était tellement resplendissant que nous ne pouvions trouver mauvais cet inconvénient, généralement précurseur d'un temps très sec. Dès le lendemain, le vent avait brusquement tourné à l'ouest, signe fâcheux, ce vent étant, au contraire de l'autre, presque toujours avant-coureur de la pluie.

Cette fois, il souffla un certain temps sans troubler l'atmosphère. Grand avantage pour nous, car nous l'avions dans le dos sans être incommodés par sa détestable compagne la pluie. Ce vent d'ouest avait seulement provoqué un temps orageux que j'avais assez désagréablement ressenti, on s'en souvient, durant mes pérégrinations à travers la Montagne-Noire.

Le lendemain, ce même vent d'ouest avait amené la bourrasque qui m'avait assailli au moment de mon arrivée à Geisslingen et qui avait été la cause indirecte de mon invraisemblable rencontre avec Blanquies et Chalupa.

C'était peu de chose, on le voit. Le lendemain, 27 avril, jour de notre passage à Munich, ce vent, dont la persistance n'indiquait que trop un tempétueux dénouement, commença à rouler d'énormes nuées grisâtres et notre arrivée à Muhldorf avait été saluée par une légère ondée. A notre réveil, nous avions constaté un sol déjà assez fortement détrempé; la partie mouillée était toutefois sans profondeur, ce qui pouvait nous laisser encore quelque espoir sur l'avenir.

Au départ de Braunau, les nuées avaient continué à s'accumuler. La pluie ne tombait pas cependant. On pouvait espérer encore.

On marcha le plus vite possible, pour tenter de se dérober à ces nimbus-stratus énormes et menaçants. Mais la route ne s'améliorait guère. On passa le village d'Altheim, à douze kilomètres de Braunau. Ici, l'allure augmenta fortement. Par un malheur que nous eussions pu rendre sans effet, la route était de plus en plus formée d'une chaîne ininterrompue de petits raidillons, naturellement suivis de descentes assez longues mais également très rapides, ce qui nous obligea plusieurs fois, par prudence, à mettre pied à terre. C'est cette fâcheuse obligation que nous eussions pu éviter si, par une incroyable manie d'hommes de sport, nous n'eussions dédaigné de munir de frein chacune de nos bicyclettes.

Nonobstant, nous trouvant tous les quatre dans un état parfait, sauf ma douleur qui persistait, fort atténuée, il est vrai, et sauf une blessure encore très légère également causée par la selle à notre interprète Chalupa, nous allions à vingt-cinq kilomètres à l'heure environ. La plupart du temps nous franchissions «en emballage» les raidillons pour nous «effondrer» ensuite dans les descentes, à une allure de trente-cinq à l'heure. Mais ce train d'enfer ne pouvait durer.

Après la ville de Ried, la route, encore une fois, devenait atroce. Il était plus de onze heures quand on arriva dans la petite ville de Haag-die-Ried, où un incident presque ridicule allait se produire.

En approchant de Haag, notre entraîneur Sachman prend les devants pour commander un déjeuner. C'était comme un pendant de l'affaire d'Oppenau, mais là, il n'y avait heureusement qu'une seule route à suivre à la sortie.

Nous arrivons dans Haag. Impossible de retrouver le brave Munichois. Où diable ce malheureux garçon avait-il été commander notre déjeuner? Nous opérons la traversée de la ville. Il ne pouvait être ailleurs que dans la grande artère médiane. Nous ne voyons personne. Personne n'a rien vu. Ma foi! nous rentrons dans la ville et nous déjeunons dans le restaurant dont l'aspect nous paraît le plus correct. Crac! nous tombons au siège du Vélo-Club de l'endroit. Pendant le déjeuner, deux cyclistes se présentent. Ils ont été avertis de notre passage par un journal de sport, qui se trouvait du reste sur une des tables du restaurant et qu'ils nous montrent.

Notre repos ne dure pas moins de trois quarts d'heure. Il faut partir.

A peine sur nos machines, voici Sachman qui accourt. Le malheureux! il nous a attendus, mais où, où?

Il déclare avoir laissé sa machine devant un restaurant comme signe de ralliement. Nous n'avons rien vu. Enfin! après tout, rien de cassé! Nous voici réunis, tout est réparé.

Le vent a pris de la force. Le ciel est surchargé. La base des nuées devient d'un gris de plomb et nous sommes à soixante kilomètres de Lintz! En considérant l'aspect du ciel, impossible de s'y méprendre. Pour ma part, je ne me fais plus la moindre illusion et je fais cette déclaration parfaitement nette: «Inutile de compter arriver avant la pluie; pour moi tout espoir est perdu.»

XX

LA DÉROUTE DE LINTZ

On passa le village d'Altheim, à sept kilomètres de Haag. La route continuait à être très accidentée et atrocement surchargée de cailloux pointus. Nous étions en pays montagneux; à droite et à gauche des chaînons s'échelonnaient. Le vent d'ouest de plus en plus fort nous donnait une vigoureuse poussée. Une lueur d'espoir nous revint. La ville de Wels est située à vingt-cinq kilomètres d'Altheim, et à vingt-neuf de Lintz.

Nous avions parcouru dix-huit kilomètres; sept seulement nous séparaient de Wels. Les nuées toutes en limaille se grimpaient les unes sur les autres.

La pluie commença, une pluie extrêmement fine, ténue, une sorte de bruine. J'avertis la troupe de presser l'allure, mais c'était une peine perdue. Je ne me trompais pas à l'aspect du ciel, aussi mauvais que possible. Au début, le mal était léger, tant que la route n'était pas mouillée, on pouvait rouler; quant à nos vêtements, qu'importe! On les sécherait, ou on en changerait à notre arrivée à Lintz.

La pluie augmenta rapidement. Mais, aidés par le vent qui commençait à souffler en tempête, on dévorait le terrain.

On arriva très vite en vue de la petite ville de Wels, où allait se produire un rapide incident, l'un des plus doucement émotionnants dont il m'ait été donné d'être l'objet au cours de mes longues pérégrinations.

Nous arrivons donc en vue de la ville, dont nous ne sommes plus séparés que de quelques centaines de mètres. La pluie est déjà telle que l'on se demande s'il ne vaut pas mieux s'arrêter à Wels. Mais, si on décide de continuer, mieux vaut alors marcher à toute allure, et sans perdre une minute, traverser Wels pour s'élancer vers Lintz.

J'appuie pour ma part cette dernière opinion, en disant: «Plutôt que de nous morfondre, déjà inondés, dans une ville sans ressources, il vaut mieux arriver sans désemparer dans la grande ville de Lintz où nous aborderons encore bien plus inondés, mais où nous trouverons tous nos bagages et des vêtements de rechange.»

L'opinion est adoptée. Nous débouchons dans la place centrale de Wels, et nous nous disposons à en opérer la traversée rapide, dans la position suivante: Willaume et Sachman en tête, puis à deux mètres derrière Chalupa et moi-même à droite de Chalupa.

La pluie tombe serrée, et la place semble au premier abord absolument déserte au moment de notre apparition. Pourtant, ayant relevé la tête et fixé mon regard fort en avant, j'aperçois deux personnes, deux messieurs, qui se tiennent côte à côte au centre de la place. L'un d'eux tient un journal à la main. Au moment où je les aperçois, je ne puis m'empêcher de trouver singuliers ces deux personnages immobiles sous la pluie, dont l'un surtout tient un journal. Mais on suppose bien que ma réflexion n'est pas de longue durée, car toute cette scène se déroule, comme bien on pense, avec la plus grande rapidité. A peine donc mon idée s'est-elle fait jour dans mon cerveau, que voici ce qui se passe: nous arrivons devant le groupe et aussitôt, l'homme au journal se précipite directement vers moi, et, tandis que sa physionomie s'illumine d'un rayon de béatitude, jette son regard tantôt sur ma physionomie, tantôt sur la gravure dessinée sur le journal qu'il tient et qu'il agite avec un emportement de joie fébrile. Il semble dire: «C'est lui, le voilà, enfin.» Alors il faut descendre, absolument vite; cet homme qui baragouine son allemand nous fait comprendre qu'il y a là, dans un café, des vivres pour nous. Allons, faut s'arrêter. Une seconde seulement, dis-je à Willaume, et nous partons.

Je m'approche de l'homme au journal, et je m'informe enfin.

Oh! le brave Autrichien. C'était un fanatique du cycle. A la nouvelle de notre voyage il s'était bien promis d'être là, à notre passage. Un journal ayant publié mon portrait, cet excellent homme s'était dit: «Je le reconnaîtrai bien!» Et alors sans nouvelles, il était resté là, à poste fixe, conservant mon portrait. La pluie était venue, tant pis. «Je veux le voir, s'était-il dit, je veux le reconnaître.» Et rien ne l'avait lassé.

Et enfin, nous étions arrivés, et d'un coup d'œil il m'avait reconnu.

Il eût fallu voir ce brave, dévisageant ma «tête» et celle du portrait, et ayant l'air de dire: «Oui, oui, c'est bien lui, voilà le binocle, voilà bien la moustache, voilà tel trait, voilà tel autre.»

Enfin il était heureux, ce noble Autrichien, de n'avoir pas perdu sa peine.

Très doucement émotionné par ce touchant incident, on quitta Wels, qui est une résidence impériale et où, circonstance tout à fait particulière que nous n'apprîmes qu'à Vienne, l'empereur d'Autriche se trouvait ce jour-là.

La tempête augmentait d'intensité. On s'élança sans perdre courage vers Lintz, à vingt-neuf kilomètres.

Devant nous, maintenant, les crêtes des chaînons se perdaient dans la brume. Elle enveloppait l'horizon tout entier, comme un brouillard de décembre. Les gouttes d'eau s'étaient élargies, mais tombaient serrées, et chassées par le vent, nous fouettaient le visage. Le rideau s'épaississait autour de nous; la nature se noyait dans une de ces pluies d'hiver, subtile, pénétrante et tenace.

On avançait, muets; un seul but, maintenant: Lintz, à tout prix, coûte que coûte. S'arrêter dans une maison isolée? D'abord, il n'y en avait pas. C'était le désert. Puis, quelle situation, déjà trempés et dans l'impossibilité de changer de vêtements! Non, s'arrêter, on n'y songeait même pas.

Le vent d'ouest, courant à travers la montagne, faisait entendre comme un immense et lointain bruit de houle.

Tout ce que nous pouvions redouter au sujet de la route se produisait en ce moment. Nous roulions dans un immonde marécage, mais, secondés par le souffle impétueux de la tempête, nous fendions les lacs de boue.

Par malheur, les cailloux énormes disparaissaient sous les flaques d'eau ou dans les amas de boue et c'étaient des heurts terribles qui parfois arrachaient à Chalupa des gémissements, la blessure causée par la selle étant alors des plus vives.

Les éclats marécageux nous arrivaient de plus en plus. On était pris entre la boue que les roues de nos machines nous envoyaient par jets multipliés, et les torrents d'eau que la tempête précipitait en tourbillons sur nos épaules.

On avançait toujours, muets, résignés comme des hommes qui s'attendaient à cet assaut furieux. La route avait des bornes kilométriques; les kilomètres paraissaient interminables.

La tempête suivait une progression nettement ascendante. C'était, devant nous, une muraille liquide. Tout suintait de l'eau. Elle roulait en rigoles sur tous les objets. On eût dit qu'il en sortait des atomes de l'air.

L'un de nous signala: «Lintz à dix-neuf kilomètres.» Quelle distance! C'était l'infini, pour nous, en ce moment. Et les heurts continuaient, horribles. Les machines grinçaient, pénétrées d'eau. Un malheur pour moi s'ajoutait encore à notre position: l'eau, coulant sur les verres de mon binocle, obstruait ma vue, et d'instant en instant c'étaient des chocs affreux contre les roches de cette route transformée en marais. Et nous allions, cette fois, avec la rage au cœur.

La tempête nous poussant, nous nous élancions comme des fous furieux à travers les montagnes de boue et les rocs du chemin. Soudain, dans un effort donné par Sachman, un grincement sinistre de chaîne se fit entendre; la chaîne de sa machine venait de se briser. C'était un entraîneur, il connaissait le pays, on n'attendit pas: non, impossible, c'était notre idée commune. D'ailleurs lui-même nous le dit.

Le malheureux, on le laissait là, dans la boue, sous la tourbillonnante cataracte. Mais il nous fit signe qu'il allait pouvoir réparer l'avarie; on s'élança en avant.

Nous n'étions plus maintenant que des éponges recouvertes d'une carapace de boue emportées dans une danse de sauvages; l'eau avait pénétré jusqu'à l'épiderme, dont heureusement la chaleur était maintenue par notre mouvement rapide et constant.

Une voix, dominant le grincement des machines, le pétillement métallique de la pluie qui nous frappait au flanc, le bruit de houle de la tempête, annonça Lintz à douze kilomètres.

Un nouveau malheur plus grave que le premier allait arriver. Je roulais le long de l'accotement de droite, Willaume collé à ma roue d'arrière. Ma vue était toujours obstruée par l'eau coulant sur les verres de mon binocle, d'une manière continue. Les heurts, plus violents que jamais, nous secouaient comme des coques de noix sur une mer furieuse. Tout à coup, roulant très vite, je sentis un formidable choc m'arrêter, me donnant un ébranlement des talons à la racine des cheveux; ma machine se cabra et, pirouettant sur un roc, j'allai, par miracle, me retrouver en équilibre de l'autre côté. Mais il n'en fut pas de même du malheureux Willaume. Au moment de la collision, il eut une vision rapide du danger et poussa un cri, comme un appel plaintif parti du cœur. En même temps, avec la rapidité de l'éclair, il heurta à son tour le pavé énorme et fut précipité en avant.

Mon compagnon avait, je l'ai dit, une blessure à la main. La blessure mal fermée se rouvrit; quand on releva l'infortuné, le bandage s'était décollé, et la blessure béante présentait un amas de boue et de sang. Willaume ne put retenir un gémissement de douleur. Comment faire? Quel parti prendre?

Je saisis mon mouchoir, mais comment laver la plaie? Oh! ce ne fut pas long. La tempête nous enveloppait d'un torrent continu; je déployai mon mouchoir et je le maintins étendu; en quelques secondes il fut inondé. J'enveloppai solidement la blessure, et Willaume, avec ce courage dont il achève de donner là un incroyable exemple, saisit son guidon et dit: «Nous ne pouvons rester là, n'est-ce pas. Je souffrirai, tant pis; marchons, il le faut.»

On repartit. Notre halte avait donné à Sachman le temps d'arriver. Tant bien que mal, il avait réparé sa chaîne. Sa présence nous rendit du courage.

Alors, à partir de ce moment, oublieux de tout, l'idée fixée sur Lintz, transformés en ballots que nous faisions mouvoir mécaniquement, sans penser, sans se préoccuper des sensations physiques, ne cherchant par instinct qu'à nous maintenir en équilibre dans ce marais glissant crevassé et semé de rocailles, on parcourut les derniers kilomètres. Enfin Lintz nous apparut dans une nuée grisâtre, dans un enveloppement de brouillard sombre, et le hululement prolongé de l'ouragan.

En arrivant à l'entrée du premier faubourg, on tomba dans des travaux de terrassement. Il fallut s'enfoncer dans la terre boueuse jusqu'à mi-jambe, en portant nos machines.

Il était cinq heures. Les passants ne pouvaient que rire en apercevant ces quatre mottes de boue roulantes.

Au cœur de la ville, on remarqua que nous n'avions pas de nom d'hôtel: étourderie folle après tant de mésaventures.

Alors, je dis: «Attention, les amis. Aussitôt en présence du premier hôtel, nous nous y jetons, nous posons nos machines, nous demandons des chambres, nous nous déshabillons, et nous nous précipitons dans des lits. Puis, cet ouvrage terminé, on donnera des ordres pour envoyer chercher Suberbie.»

Willaume déclara:

—Mais on ne nous recevra pas dans un état pareil.

—Nous verrons bien, m'écriai-je.

On nous reçut. Tout fut exécuté à la lettre.

En cinq minutes, de la situation que j'ai décrite, nous nous trouvons, brusquement, Willaume et moi, transportés dans une chambre à deux lits, face à face et répétant: Quel dénouement!

Sachman et Chalupa en avaient fait autant.

Les principaux hôtels étant reliés par des téléphones, il ne fallut pas plus de dix minutes pour trouver Suberbie. Une vingtaine de minutes ne s'étaient pas écoulées que tous les compagnons partis le matin de Sembach étaient de nouveau réunis, se répétant toujours: «Quelle tourmente, que d'aventures, quel dénouement!»

XXI

VIENNE

Quand nous eûmes complètement recouvré nos esprits, après notre mésaventure, il fut question du départ. Toujours repartir, telle est l'obsédante devise des recordmen. Il était, en effet, de très bonne heure encore. Mais, après une longue et sérieuse délibération, on reconnut toute l'impossibilité d'une pareille entreprise.

Les routes devaient être maintenant plus que jamais impraticables. La nuit était d'un noir d'encre. Se lancer à travers la campagne dans de telles conditions, c'était se précipiter tête baissée dans des aventures qui eussent pu devenir dangereuses. Suberbie, dont le rôle était d'exciter toujours nos ardeurs locomotrices, et ce rôle, il l'avait admirablement rempli, entr'ouvrit la fenêtre de notre chambre d'hôtel et constata qu'il fallait renoncer pour toute la soirée à reprendre la route. On verrait à se lever à deux ou trois heures du matin s'il était possible. Pour l'instant, repos absolu.

On a pu voir, au cours de ce récit, les réceptions et l'accueil qui nous avaient été faits partout et nous avaient rendu le voyage, en somme, extrêmement agréable. A Munich notamment, tout ce que la ville compte de cyclistes connus avait été pour nous d'un empressement et d'une amabilité dont je n'ai donné qu'une faible idée. On suppose bien que si l'accueil était tel sur le parcours, il devait être plus empressé encore, s'il est possible, au point d'arrivée, dans la ville qui était le but ardemment désiré de notre aventureuse expédition.

Avant notre départ de Paris, l'une des sociétés cyclistes de Vienne, l'une des plus importantes de beaucoup, et je crois d'ailleurs la plus ancienne, le *Wiener Bicycle-Club*, m'avait adressé une lettre demandant à nous recevoir, invitation que j'avais été trop heureux d'accepter, avec force remerciements pour ces hôtes aimables.

Par une circonstance fâcheuse, une erreur s'était produite dans l'envoi de nos dépêches aux journaux de Vienne. Suberbie avait, suivant un procédé assez commode, adressé les télégrammes à une agence qui devait faire parvenir à toute la presse les nouvelles concernant notre marche. Malheureusement une erreur grave avait été commise dans le nom de l'agence, et la plupart de nos télégrammes furent perdus. Le *Wiener Bicycle-Club* reçut bien deux ou trois dépêches envoyées par Suberbie, mais elles étaient insuffisantes pour renseigner d'une manière très précise les membres du Club sur l'heure de notre arrivée. Ils en furent donc réduits aux conjectures.

Leurs calculs furent d'ailleurs très précis. Ils estimèrent que nous devions arriver à Vienne dans la matinée du dimanche, ce qui se fût produit à coup sûr sans la terrible noyade de Lintz.

Le *Wiener Bicycle-Club* nomma donc une délégation qui se mit en route le samedi. Ne nous rencontrant pas le samedi soir, les membres de la délégation subissant, eux aussi, l'assaut de la tempête, continuèrent leur route une partie de la nuit et restèrent en observation, attendant notre passage.

J'ai déjà comparé notre voyage à une sorte d'expédition militaire. La comparaison peut se continuer. On peut dire que le grand ennemi des cyclistes, la pluie, avait mis «l'armée» en débandade. Tandis que, battant en retraite, nous nous étions réfugiés dans Lintz, les amis venus à notre rencontre s'échelonnaient sur la grande route, également poursuivis par la tempête.

Un hasard providentiel nous fit rencontrer.

À quatre heures du matin, décidés enfin à repartir, on laissa Suberbie, Chalupa et Sachman, ronflant à poings fermés, et on reprit la route, Willaume et moi, accompagnés cette fois de l'ami Blanquies.

Mais le temps était affreusement menaçant et nous avions encore un assez long ruban de route à parcourir. Serions-nous donc obligés d'aller seuls?

Une hésitation qui nous fit aller consulter les heures de départ des trains, nous porta bonheur. Dans la gare, des cyclistes apparurent.

Il n'y eut de doute pour personne; on se «reconnut» sans se connaître. Les membres de la délégation n'hésitèrent pas une seconde, ni nous non plus, sur nos identités respectives.

Ils comprirent que nous étions les Parisiens; nous comprîmes qu'ils étaient les cyclistes viennois venus au-devant de nous.

Dès ce moment, les aventures étaient finies pour nous. On marcha sur Vienne, qui par le train, qui par la route. Il fut décidé que l'on se réunirait avant la ville pour notre entrée tous en masse, ce qui fut exécuté. Hélas! notre entrée fut saluée par un nouveau déluge. Mais la réception qui nous attendait au siège du Club devait d'un seul coup nous faire oublier déjà ce que nous avions souffert pour ne plus nous laisser dans la mémoire que nos émotions agréables.

Dès notre arrivée au *Wiener Bicycle-Club*, on nous reçut par des cris de: Vive la France! qui étaient une nouvelle et éclatante preuve de la fraternité universelle qui règne dans le monde cycliste international.

Plus que jamais, j'exprime ici le regret de ne pouvoir nommer tous ceux qui, durant notre séjour dans cette belle capitale, n'ont cessé de nous considérer comme leurs hôtes et n'ont pas laissé passer une seule journée sans se mettre à notre disposition.

C'était le triomphe, après la lutte. Plusieurs de nos aimables et élégants clubmen s'exprimaient dans le français le plus pur, ce qui contribua à nous rendre absolument inappréciable leur charmante compagnie.

Eux-mêmes nous indiquèrent leur hôtel préféré, où nous nous empressâmes naturellement d'élire domicile. Pour comble d'amabilité, quand, au moment du départ, je voulus acquitter à l'hôtel mes frais de séjour, on m'avait prévenu et je me heurtai à un refus absolu.

Dès le surlendemain de notre arrivée un banquet nous fut offert, banquet où les toasts de bienvenue ne firent pas défaut, on peut le croire.

Pendant nos huit jours passés à Vienne, le temps, un peu moins mauvais que durant les deux dernières journées de notre voyage, nous permit d'admirer cette belle capitale dont la réputation répond bien à la réalité.

Blanquies put donner carrière à son rire. Notre embarras pour nous faire comprendre était une cause permanente de bruyante gaieté. Ce qui nous embarrassait fort, tout en nous amusant, c'était la valeur des monnaies fort différentes des nôtres. Devant l'avalanche des petites monnaies divisionnaires, les kreutzer, et en présence de la diversité des prix dans les tramways, prix variant suivant les distances, nous avions pris l'habitude de prendre de nos poches une poignée de kreutzer et de les présenter au conducteur en lui faisant comprendre qu'il n'avait qu'à se payer lui-même en puisant dans le tas, petite comédie qui provoquait un véritable fou rire chez Blanquies.

Un des membres du *Wiener Bicycle-Club*, M. Soukanek, attaché au ministère des Affaires étrangères, et l'un de ceux qui ne cessèrent de nous entourer de mille attentions, fut précisément celui qui me renseigna sur la fameuse question de la douane. «J'ai vu, me dit-il, le mot écrit aux douaniers à Braunau.» Grande fut sa surprise en apprenant nos démêlés.

La presse viennoise ne fut pas moins aimable que les cyclistes pour les voyageurs français. Des articles nombreux et tous conçus dans les termes les plus flatteurs nous furent consacrés. Le cyclisme a conquis droit de cité à Vienne, et ce sport semble y être fort apprécié.

Une tentative sportive fut faite du reste au cours de notre séjour dans la capitale austro-hongroise, par notre ami Willaume, au vélodrome situé près du Prater. Il essaya le record des six heures qui, à ce moment, était, si je ne me trompe, de 204 kilomètres. Il ne réussit qu'à atteindre 190 kilomètres, ce qui était fort joli après le fatigant voyage que nous avions accompli, et en raison du vent qui soufflait en tempête.

Un de mes plus grands regrets fut de quitter Vienne sans pouvoir exécuter le projet que j'avais formé pour le vendredi matin 4 mai et que le temps est venu contrarier: celui de visiter le fameux champ de bataille d'Essling et l'île de Lobau, situés à 20 kilomètres de Vienne seulement, théâtre d'une des plus grandes batailles du premier Empire.

J'ai dû me contenter d'admirer la statue de l'archiduc Charles, près du palais de l'Empereur, à Vienne; l'archiduc Charles, l'un des héros d'Essling, le plus sympathique des rivaux de Napoléon, celui que le grand empereur estimait le plus.

En arrivant à Vienne, j'avais bien la ferme intention d'aller rendre visite à M. Lozé, l'ambassadeur de France dans la capitale autrichienne. Les réceptions du *Wiener-Bycicle-Club* nous ayant pris tout notre temps les premiers jours, nous avons mis à profit notre dernière après-midi pour aller à l'ambassade.

Une petite scène assez amusante devant la loge du concierge; nous étions quatre: Chalupa, Blanquies, Willaume et moi. Nos costumes étaient, hélas! moitié cyclistes, moitié civils, et ils se ressentaient de l'état de l'atmosphère. Je prends tout de suite la parole et je dis au concierge:

—M. l'ambassadeur de France est-il là?

Le concierge—il n'eût pas été un concierge d'ambassade s'il n'eût agi ainsi—nous dévisagea des pieds à la tête et nous dit: «Les bureaux ferment à trois heures, revenez demain.»

Je reprends sur le ton d'un homme qui s'attendait parfaitement à la réponse du cerbère:

—Je ne vous demande pas les bureaux, je vous demande: M. l'ambassadeur est-il là?

—Je ne sais pas, mais il y aura peut-être son secrétaire.

—Je ne désire pas voir son secrétaire, encore une fois; je vous demande M. Lozé.

Un huissier se trouvant là, je lui tends ma carte et je lui dis simplement: «Voulez-vous aller voir si M. l'ambassadeur peut me recevoir?»

Inutile d'ajouter que l'huissier revint deux minutes après, me disant: «Voulez-vous monter? Monsieur l'ambassadeur vous attend.»

Je fis signe à Willaume de me suivre, et après quelques secondes à peine d'antichambre, M. Lozé nous reçut avec la plus parfaite cordialité.

Il était d'ailleurs très au courant de notre arrivée, dont tous les journaux français et viennois avaient parlé.

Pendant quelques minutes, il s'entretint avec Willaume de Commercy, où M. Lozé a été sous-préfet et qui est le pays natal de mon compagnon de route.

Tous deux se nommèrent plusieurs connaissances communes; puis, le cyclisme eut sa part. On parla de son développement prodigieux à Paris. M. Lozé, rappelant le temps où il était préfet de police, me dit: «C'est moi qui ai assisté au premier essor de la vélocipédie, et vous vous rappelez que, pour donner satisfaction aux vélocipédistes, j'instituai les cartes de circulation. Je n'oublierai jamais notre étonnement quand, au bout de quelques jours, nous eûmes 14,000 demandes.

«A la Préfecture de police, a ajouté M. Lozé, mon propre secrétaire était cycliste et me vantait tous les jours les bienfaits de ce sport.»

Il est difficile d'exprimer combien la conversation de M. Lozé a été simple et combien son accueil aimable pour nous.

Une fois dehors, Blanquies, qui était resté à nous attendre avec Chalupa, nous dit:

—Vous ne savez pas ce que m'a demandé le concierge, dès que l'huissier vous eût dit de monter? «Ce sont peut-être, a-t-il interrogé, les messieurs qui sont venus de Paris?» Et, sur ma réponse affirmative, il a ajouté d'un air très entendu: «Je m'en étais un peu douté!!»

Obligé de rentrer à Paris à cause de l'expiration de son congé, mon brave compagnon de route partit le soir de ce même jour. Nous ne devions partir, Suberbie, Blanquies et moi, que le lendemain. Chalupa, notre vaillant et fidèle interprète, nous quitta pour se rendre dans son pays. Quant à Sachman, il était reparti peu de temps après notre arrivée.

Après les adieux les plus cordiaux à nos amis de Vienne, on reprit le chemin de France, par l'orient-express. Toutefois, ainsi que nous l'avions promis au docteur Rettinger, on s'arrêta une journée, celle du dimanche 6 mai, à Munich, où nous retrouvâmes notre excellent entraîneur Châtel, complètement rétabli, mais pâle et amaigri. Le pauvre garçon, un instant, s'était cru perdu. Avec quel bonheur il nous revit!

Chose inouïe, le temps fut superbe ce jour-là. On en profita pour visiter la ville, puis le magnifique lac du Hornberg où s'accomplit le drame fameux, touchant la mort du roi de Bavière. Nous eûmes là, comme guides précieux, le docteur Rettinger, et M. Tochterman, le jeune cycliste dont j'ai cité le nom, qui avait servi d'entraîneur à Willaume.

Le lendemain, on prit le train pour Mulhouse par le lac de Constance dont nous accomplîmes la délicieuse traversée, et par Zurich. Après avoir rendu Châtel à sa ville natale, on se dirigea enfin sur Paris, où notre retour s'effectua le jeudi 10 mai. Heureux retour d'une expédition dont les innombrables et émotionnantes péripéties devaient, bien loin de me la faire regretter, aviver encore en moi le plaisir sans égal d'en évoquer le souvenir.

FIN